T0278826

FAMILIA TÓXICA

KARYL MCBRIDE, PhD

FAMILIA

TÓXICA

5 pasos para sanar
las heridas del
narcisismo parental

Urano

Argentina – Chile – Colombia – España
Estados Unidos – México – Perú – Uruguay

Título original: *Will the Drama Never End?*
Editor original: Atria Books an Imprint of Simon and Schuster, Inc.
Traducción: María Laura Saccardo

1.ª edición Marzo 2024

Reservados todos los derechos. Queda rigurosamente prohibida, sin la autorización escrita de los titulares del *copyright*, bajo las sanciones establecidas en las leyes, la reproducción parcial o total de esta obra por cualquier medio o procedimiento, incluidos la reprografía y el tratamiento informático, así como la distribución de ejemplares mediante alquiler o préstamo público.

Copyright © 2023 *by* Dr. Karyl McBride
This edition published by arrangement with Susan Schulman a Literary Agency, New York.
© 2024 de la traducción *by* María Laura Saccardo
© 2024 *by* Urano World Spain, S.A.U.
Plaza de los Reyes Magos, 8, piso 1.º C y D – 28007 Madrid
www.edicionesurano.com

ISBN: 978-84-18714-46-7
E-ISBN: 978-84-19936-50-9
Depósito legal: M-439-2024

Fotocomposición: Ediciones Urano, S.A.U.

Impreso por: Rotativas de Estella – Polígono Industrial San Miguel Parcelas E7-E8
31132 Villatuerta (Navarra)

Impreso en España – *Printed in Spain*

Nota de la autora

Los ejemplos, anécdotas y personajes de este libro provienen de mi trabajo clínico, mis investigaciones y mis experiencias con personas y acontecimientos reales. He alterado nombres, algunos rasgos personales y otros detalles y, en algunos casos, las personas y situaciones son ficticias.

Dedico este libro a mis audaces pacientes.
Sois personas notables, vivaces, valientes e inspiradoras.
Os llevo en el corazón con profunda gratitud.

Índice

Tercera parte
Sanar y liberarse

Introducción

En 2008, escribí *Madres que no saben amar*, que trata sobre el narcisismo maternal y su efecto negativo en las hijas. En él, les he dicho a mis lectores que era, no solo la culminación de años de investigación, sino «un viaje anímico que me ha devuelto a cuando era una niña que sabía que algo fallaba, que sentía que la ausencia de amor empático y nutricio no eran normales, pero que no sabía por qué». El libro ha tenido trascendencia nacional e internacional, y su traducción a diecinueve idiomas ha conmovido a lectores en todo el mundo.

Cuando escribí ese libro, era consciente de que estaba abordando un tema tabú que podía llevar a miles de mujeres a sanar. También sabía que quedaba más trabajo por hacer. Durante la década siguiente, supe de hombres y mujeres desesperados por encontrar una guía que los ayudara a superar las secuelas psicológicas de haber crecido en una familia controlada por un padre o madre narcisistas. Escribí *Familia tóxica. 5 pasos para sanar las heridas del narcisismo parental* para los millones de adultos que han crecido con una madre o un padre narcisista y desean superar las heridas emocionales del pasado para volverse plenos y libres.

Con «familia tóxica» me refiero a una vivienda dominada por uno o más padres narcisistas, en la que una figura monopoliza el poder y, de forma sutil e ingeniosa, invalida el poder, la integridad y el potencial de los otros miembros de la familia, en especial de los hijos. El narcisismo es un trastorno espectral, es decir, que una persona puede presentar comportamientos característicos tanto leves como extremos y que existe un continuo que va de unos cuantos rasgos al trastorno de personalidad narcisista en toda su extensión. Al escalar en el espectro, se presentan más problemas y, con ello, las interacciones interpersonales incurren en cierto grado de depreciación hacia quienes se relacionan con el narcisista.

Dado que las personas narcisistas se centran en sí mismas hasta el extremo de ser incapaces de sentir amor incondicional y empatía y de brindar apoyo emocional a los demás, no serán, idealmente, capaces para ser padres. La generosidad, la compasión y la paciencia, virtudes necesarias para criar y apoyar a un hijo, no suelen estar presentes en el repertorio emocional del narcisista. Como padres, por lo general, no son conscientes de sus limitaciones psicológicas y del daño profundo que causan a sus hijos.

Se ha escrito mucho acerca del narcisismo; sin embargo, se ha destinado poco a quienes crecimos a la sombra de esta clase de padres. Y aún menor es el material que aborda cómo las dinámicas familiares narcisistas, si no son tratadas, se transmiten de generación en generación, grabadas en el ADN familiar. El objetivo de *Familia tóxica* es cubrir esta necesidad, de modo que los lectores que han crecido en familias tóxicas puedan encontrar un camino para terminar con el ciclo traumático y reconstruir su salud psicológica y emocional.

He crecido en una familia narcisista en la que la alegría de los demás, en especial la de los niños, era percibida como una amenaza a la dinámica insalubre de poder en juego. Como resultado, una de las mayores dificultades de mi vida ha sido permitirme experimentar y expresar dicha. Al igual que muchos hijos de padres narcisistas, no me han alentado a tener éxito y, cuando lo tenía o cuando era espontánea, alegre y libre, mis padres tenían la desafortunada capacidad de aguarme la fiesta y el entusiasmo en lugar de animarme. En mi caso, esto resultó en una tendencia adquirida a dudar de mí misma, acompañada por la sensación leve y constante de hipervigilancia, como si algo malo fuera a suceder en cualquier momento. Cuando era niña, cualquier expresión espontánea de alegría provocaba comentarios duros destinados a convertir la felicidad en vergüenza, culpa o inseguridad. ¡Era muy confuso! He crecido con la abrumadora sensación de que era mejor no estar demasiado feliz o relajada, pues nunca sabía cuándo podría ocurrir algo malo.

Mi propia experiencia me ha impulsado a dedicar mi carrera como terapeuta y educadora a ayudar a los demás a salir del terrible círculo de inhibición y a superar la autopercepción distorsionada resultante de haber crecido en un sistema familiar narcisista. Me he dedicado en cuerpo y alma a ayudar a que los supervivientes del abuso narcisista, por fin, experimentasen los placeres de la vida con plenitud. Fue gracias a mi pasión y determinación que comprendí el profundo daño fruto de esta clase de crianza, cómo altera la forma de las familias al generar un desequilibrio de poder, que es dañino y perdurable para los niños. Lo más importante es que mi trabajo me ha permitido ayudar a muchas personas, desde adolescentes hasta octogenarios, a sanar y recuperarse de esta historia familiar debilitante y a comenzar a vivir con libertad.

Este libro está dividido en tres partes. En «Primera parte: La familia narcisista», llegarás a comprender mejor las dinámicas de un sistema familiar tóxico; cómo se desvía la comunicación significativa; la confusión que provocan las reglas familiares explícitas y tácitas; por qué tus necesidades no eran importantes y, por tanto, no se cubrían; por qué no eres tan cercano a tus hermanos como quisieras; por qué tu familia se sigue confundiendo contigo.

En «Segunda parte: El impacto de la crianza narcisista», explicaré cómo esta dinámica inhibe la expresión del niño y su capacidad de confiar en sí mismo y en los demás. Descubrirás por qué se retrasa el desarrollo emocional, por qué hay falta de confianza, por qué se daña el sentido de valía propia y por qué crecer en una familia narcisista deja un legado de traumas complejos.

Por último, en «Tercera parte: Sanar y liberarse» ofreceré una guía comprobada de cinco pasos para la recuperación. Me centraré en reconocer el trauma de la crianza narcisista y en hacer el duelo de las pérdidas, en la separación psicológica del padre tóxico y en aprender a individualizarse, en superar la vergüenza y la culpa, en descubrir y honrar al yo verdadero, en tratar con el padre narcisista durante la recuperación, y en terminar con el legado de amor distorsionado.

Agradezco poder compartir mi conocimiento, experiencia y mis consejos, además de las historias inspiradoras de mis audaces pacientes que se han liberado del sistema familiar narcisista para encontrar libertad y alegría. Te doy la bienvenida al camino de sanación que transitaremos juntos en estas páginas.

Primera parte

La familia narcisista

Solo nos convertimos en lo que somos a través del rechazo
radical y profundo de lo que otros han hecho de nosotros.

—Jean-Paul Sartre

1

La dinámica disfuncional
de las familias narcisistas

Siempre he sabido que algo estaba mal en mi familia, pero no podía identificarlo. Sabía que mi padre tenía el poder, que mi madre orbitaba a su alrededor y que él lo controlaba todo. Era como si el único propósito de mi hermano y mío fuera hacerlos lucir bien. Cuando tuve mi primer hijo y sentí una explosión maravillosa de amor maternal incondicional, por fin descubrí que nadie había sentido eso por mí.

Jeanette, treinta y cinco años.

A pesar de que las dinámicas y disfunciones de cada familia narcisista son únicas, todas tienen características comunes. Entre ellas, la principal es que uno o ambos padres son incapaces de cubrir por completo las necesidades emocionales de los hijos. Es por eso por lo que los niños criados en estos sistemas familiares tienen dificultades para desarrollar su sentido de identidad.

Existen dos clases básicas de padres narcisistas: los absorbentes y los negligentes. Por más que sean estilos opuestos, su impacto suele ser el mismo: un niño criado por un padre absorbente vive tan reprimido que no logra desarrollar un sentido de autonomía o de identidad sanos; uno criado por un padre negligente está tan ocupado intentando llamar la atención que también termina teniendo un sentido de identidad inestable o nulo. Ambas clases de crianza se caracterizan por la incapacidad de tratar a los hijos con amor o empatía. Dado que el narcisista no puede identificar, procesar ni lidiar con sus sentimientos, tampoco es capaz de comprender los de los demás, ni siquiera los de sus niños.

Esta clase de padres necesita que sus hijos sean un reflejo de su valor, por lo que los pequeños deben exhibir una fachada de perfección para satisfacerlos; los hijos no pueden fallar ni tener defectos que afecten al sentido de valía de los padres. Las familias con esta disfuncionalidad alteran el ideal de una relación funcional entre padres e hijos, es decir que, en ellas, las necesidades de los padres son las que se anteponen y, en consecuencia, los hijos crecen con un sentido de identidad alterado e incapaces de identificar y procesar sus sentimientos. Suelen tener problemas para confiar en lo que sienten y para entablar relaciones no codependientes.

Por el contrario, a los padres sanos les resulta fácil dejar sus necesidades a un lado para brindarles apoyo consistente, amoroso y conducente a sus hijos en desarrollo. Desean que los hijos reconozcan su propio valor, y por ello celebran sus singularidades y logros; sentirse cómodos con sus sentimientos permite que los hijos expresen los propios con libertad y que disfruten de relaciones sanas. La dinámica sana es relajada, tolerante, amorosa y flexible y, en ella, los niños crecen sabiendo quiénes son y que son amados y valorados. De este modo, logran sentir alegría y construir vidas con propósito y profundidad que reflejan su propio sentido de identidad. Por supuesto que los niños con padres sanos también afrontan desafíos, pérdidas y obstáculos, pero, a diferencia de los que crecen con padres narcisistas, su crianza sienta las bases para que desarrollen un sentido de identidad fuerte, necesario para que se enfrenten a dichos desafíos.

¿Cuáles son las marcas distintivas de la familia tóxica? ¿Cómo saber si sufrimos las consecuencias de haber crecido en una?

Las marcas distintivas de la familia narcisista

Llevo décadas ayudando a los hijos adultos de padres narcisistas a identificar y lidiar con los traumas sufridos durante la infancia temprana en una casa así. Existen rasgos comunes, presentes en todas las familias narcisistas, y conocerlos no solo ayuda a la persona adulta a reconocer que no está sola, sino que también le ofrece conceptos de referencia concretos para salir del entramado familiar. Poder identificar y reconocer estas características es un paso necesario en el camino para recuperarse.

Nadie es más importante que el padre narcisista

En una familia narcisista, cada gramo de atención suele desviarse hacia el padre narcisista, lo que deja a los hijos desprovistos de cualquier refuerzo positivo. Los niños criados en esta clase de jerarquía no desarrollan un sentido de su propio valor inherente y suelen pasarse la vida combatiendo la sensación crónica de ser «menos» o «indignos». Jack, un paciente mío de veintiocho años, relató:

Quería besos y abrazos como los que veía que mis amigos recibían de sus padres. Quería que los míos estuvieran orgullosos de mí, por eso intentaba ser bueno, no causar problemas y ser el mejor en todo lo que hiciera, pero lo que hacía no solo nunca era suficiente, sino que parecía que les daba igual. Mi madre siempre estaba cansada; mi padre, con una tristeza singular, y yo me sentía solo y sin amor.

La imagen lo es todo

Para el padre narcisista, la apariencia es más importante que la realidad. Los sentimientos no son relevantes, la imagen, sí. Los niños suelen ir bien vestidos, como si lo tuvieran todo, mientras que la realidad es del todo distinta: en general, tienen una carencia profunda de amor fraternal y no logran desarrollarse emocionalmente. Este es otro aspecto definitorio de la superficialidad de estas familias, que sostiene la idea de que «cómo nos vemos es más importante que cómo somos en verdad». Los sentimientos auténticos, emociones intensas y abrumadoras difíciles de reprimir, suelen estar prohibidos; por lo tanto, los niños que muestran miedo, rabia o confusión a sus padres la mayoría de las veces son avergonzados. Esta situación socava el derecho humano de los niños a tener sentimientos. Cuando Bonnie, una paciente de treinta y un años, tomó la aterradora decisión de llamar a su madre para contarle que su matrimonio no terminaba de funcionar, apenas había terminado de pronunciar la palabra *divorcio* que su madre bramó: «¡Es inaceptable! ¿Qué pensarán tus abuelos? ¿Qué pensarán en la iglesia?». Lo que ella necesitaba era empatía, no preocupación por el qué dirán.

Comunicación distorsionada

Con frecuencia, la comunicación en la familia narcisista es inconexa o confusa adrede. Se dan *triangulaciones*, es decir que, en lugar de hablar de forma directa, una persona le da el mensaje a un tercer participante, con esperanzas de que llegue al destinatario indicado. Sobra decir que así se genera lo que llamamos «narración poco fiable». Los narcisistas no quieren que la familia se comunique de forma abierta y honesta, pues eso los llevaría a indagar en los conflictos, usar el pensamiento crítico y detectar falsedades, exageraciones o mentiras. En otras palabras: a exponer al narcisista. La comunicación es un arma en lugar de una herramienta.

Stephen, de treinta y seis años, relató cómo funcionaba la triangulación en su familia para que su padre no se comunicara abiertamente con su madre o con él y su hermana:

Mi crianza fue confusa. Era como si nadie en la familia hablara frente a frente con los demás. Mi padre era el experto; cuando estaba molesto con mi madre, en lugar de conversar con ella, nos hablaba del problema a mi hermana y a mí. Algunas veces no era muy importante y no nos alteraba, pero uno de los peores recuerdos de esos momentos en los que descargaba las emociones con nosotros en lugar de con ella es de cuando nos decía (sucedió más de una vez) que, tras hacernos mayores, se iría a otro país y se buscaría otra esposa. Eso nos asustaba mucho, y hablaba con tanta rabia que nos preguntábamos si debíamos contárselo a nuestra madre y qué sucedería con nosotros si él lo cumplía.

Sin duda, la comunicación indirecta del padre a través de los niños y la incapacidad de hablar de los problemas matrimoniales con la esposa provocaron que Stephen y su hermana desarrollaran ansiedad.

Los lazos familiares son sospechosos

En las familias controladas por un narcisista, se prohíbe o desalienta la cercanía entre hermanos, pues si llegaran a ser íntimos y a darse apoyo emocional, podrían aliarse en contra de la figura de control. Si eso sucediera, se opondría a la necesidad subconsciente del narcisista de que la lealtad y atención sean suyas y de nadie más.

Charlotte, de cuarenta y seis años, se ha esforzado por tener una relación cercana con su hermana mayor, pero cada vez que están con su madre, logra dañar el vínculo entre ellas con comentarios para llamar la atención de una o de ambas:

Si mi hermana y yo tenemos una conversación que no la incluye, interfiere diciendo algo como: «¿De qué habláis vosotras dos?», o «¿Por qué estáis hablando mal de mí?». Siempre se equivoca, pero funciona; logra interrumpir nuestra conversación y que la atención se centre en ella.

Austin, paciente de treinta y tres años, relató que ha intentado permanecer cerca de su hermana menor y protegerla de su padre autoritario. La conexión entre hermanos no es bien recibida por el padre, cuya necesidad de control sobre los hijos aún es fuerte, a pesar de que ya son adultos:

> *Mi hermana me llama en busca de apoyo cuando está molesta por algo; ¡las veces que mi padre la ha descubierto, se ha enfadado! Me ha dicho, irritado, que no hablara con mi hermana porque era una mala influencia. Insiste en que ella debe recurrir a él y que yo debo contarle todo lo que me diga en nuestras conversaciones telefónicas.*

Falta de confianza en uno mismo

Esta es una de las peores consecuencias de crecer en una familia dominada por un narcisista, que evita que los hijos se acostumbren a confiar en sus propios instintos y en su percepción; puede darse de forma agresiva y manifiesta (con abuso verbal o físico) o con sutileza (mediante manipulación, negación o *gaslighting*, es decir, «luz de gas»). La mayor amenaza para el narcisista es una persona desarrollada, estable y con madurez emocional, capaz de alejarse de su drama, por lo que, para que pueda manipular a sus hijos y controlarlos con facilidad, es fundamental que duden de sí mismos. En muchos aspectos, este es el veneno más tóxico de su arsenal.

La madre narcisista de Caitlin, de treinta y un años, ha socavado cada una de las decisiones o acciones independientes de su hija. Caitlin me habló de las dificultades que ha tenido para aprender a confiar en sí misma:

> *Sin importar lo que quisiera hacer, por más inofensivo que fuera, mi madre siempre lo veía con negatividad y sospecha. ¡No era que quisiera rasurarme la cabeza o tatuarme! Que entrara al equipo de animadoras la llevaba a decir cosas como «¿Por qué quieres juntarte con las chicas malas?», o «Debes de pensar que te hará popular, pero no es así». Empeoró tanto que comencé a cuestionarme todo lo que hacía.*

Mi paciente Russell, de sesenta años, creció en un área rural donde había un solo maestro para cada año escolar. Su padre, narcisista con resentimiento hacia él, era el maestro de Álgebra de la secundaria, así que fue el suyo. Russell me contó esta historia acerca de cómo su padre logró debilitar su confianza en sí mismo:

Odiaba ir a la clase de Álgebra porque mi padre era el maestro. Intentaba no hacer preguntas, pues sabía que me fastidiaría, pero a veces no entendía algo y debía alzar la mano. Cuando lo hacía, él respondía con una mueca de desdén diciendo: «¿Qué quieres, tonto?». Unos años después, en la universidad, saqué un notable en Estadísticas y, orgulloso, quise compartirlo con mi padre, así que lo llamé y le dije: «Puede que te hayas equivocado al decir que era un tonto con las matemáticas», y luego le conté lo que había sacado. Sin embargo, aún tantos años después, recibí una respuesta negativa: «¡Russell, sí que eres tonto con las matemáticas! Yo puedo afirmarlo».

Falta de empatía del padre o la madre

Los narcisistas, más allá de su ubicación en el espectro, se caracterizan por la falta de empatía. Aquellos que sean malignos pueden llegar a carecer de tanta empatía que rocen el sadismo, y su indiferencia hacia el sufrimiento de sus hijos es impactante. Incluso quienes se encuentren más abajo en el espectro pueden ser hirientes con su falta de consideración. Los niños son personas frágiles y vulnerables que necesitan apoyo empático para desarrollar fuerza y resiliencia. Su ausencia se hace más notoria cuando nos sentimos tristes o cansados. Billy, un paciente de veinticuatro años, me relató una conversación telefónica devastadora que tuvo con su padre:

Había tenido un día extenuante en el trabajo, y mi padre me llamó para preguntarme cómo me encontraba. No me contuve de decirle que me sentía bastante agotado, a lo que me interrumpió diciendo: «Billy, no tienes idea de lo que es estar cansado. Yo te hablaré de cansancio...». Luego, la conversación se centró en él. Al colgar, no solo me sentía exhausto, sino también triste. ¿Por qué no es capaz de olvidarse de sí mismo por un minuto para escuchar a los demás?

Tamara, paciente de veintiún años, se quedó embarazada de su primer hijo a los diecisiete. Temía mucho el momento del parto, por lo que deseaba poder hablar con su madre sobre eso; sin embargo, tenía una madre narcisista que nunca era empática con ella. La mujer estaba enfadada porque su hija se había quedado en estado a tan corta edad y antes del matrimonio, de modo que fue incapaz de perdonar esa falta y de demostrar empatía. Tamara relató lo siguiente:

Reuní el valor para preguntarle a mi madre acerca del parto; no solíamos hablar de temas personales a menos que fueran sobre ella. Le hice una pregunta simple: «¿Duele?», a lo que me miró con seriedad y respondió: «No mucho. Es como si alguien te clavara un cuchillo en las partes íntimas, pero no durará mucho tiempo». ¡Quise gritar con ella mientras me contaba esa historia!

No asumir la responsabilidad

Aunque es probable que los narcisistas lastimen a sus hijos (de forma intencional o no), son expertos desviando la culpa por su mal comportamiento hacia otras personas, que podrían ser los mismos hijos. Esta es otra de las características que generan la sensación de irrealidad propia de la familia narcisista. Vanessa, una paciente de unos cincuenta años, me habló de la falta de responsabilidad de su madre, evidente en peleas por las listas de la compra familiares:

Mi madre hacía la lista de la compra y mi padre iba a la tienda. Sin excepción, ella lo acusaba de haberse dejado algo de la lista, por lo que iniciaban una gran pelea, en la que él afirmaba haber comprado todo lo indicado. Cuando tuve edad para conducir, me hice cargo de esa tarea, ¡y me sucedía lo mismo! Mi madre siempre decía que se me había olvidado algo, aunque fuese con su lista manuscrita. Con el tiempo, me obsesioné con guardar «pruebas» de su falta de responsabilización y, aún hoy, conservo un archivo de las listas de la compra que me ayuda a recordar la locura que dejé atrás.

Crítica y juicio constantes hacia los demás

El narcisista es una persona que carece de un sentido firme de su propio valor y que suele despreciarse a sí misma; para elevar su ego débil, daña el de los demás. Es un comportamiento indiscriminado, por el que suele chismear o despreciar a todo el mundo, desde colegas hasta parejas e incluso a sus propios hijos.

Delphine, de veintisiete años y aspirante a música, relató cómo su madre criticaba su forma de hablar, de escribir y de tocar el piano:

Deseaba con todas mis fuerzas que mi madre estuviera orgullosa de mí, pero nunca lo estuvo. En una ocasión, me dijo que un artículo que había escrito para el periódico escolar, en sus palabras, «no tenía sentido». Solía interrumpirme cuando le contaba algo importante de la escuela diciendo: «¿Puedes ir al grano, Delphine?». Lo peor fue después de un recital para el que había practicado durante meses, cuando en el coche, frente a toda la familia, afirmó: «Deberías dedicarte a otra cosa, Delphine. No eres ni tan buena como el chico que se ha presentado antes de ti».

Edward, de treinta y cuatro años, me contó de las constantes desvalorizaciones de su padre y compartió una historia acerca de la costumbre que tenía de hacer comentarios desagradables a extraños:

Aunque mi padre no era el hombre más delgado del mundo, era muy crítico con las personas con sobrepeso. Si veía a alguien que no tenía el estado físico ideal, no podía contenerse. Un día, cuando éramos niños, vio a un hombre robusto en una tienda y se burló de él diciéndole: «Oye, ¿por qué no te llevas más dónuts?». Mi hermana y yo estábamos mortificados.

La envidia es enemiga del amor

El narcisista tiene la necesidad insaciable de sentirse superior a los demás, lo que genera una envidia que sobrepasa su capacidad de amar. Critica las debilidades de sus hijos y envidia sus fortalezas, y esto arrasa con la autopercepción de los niños. La envidia eclipsa los sentimientos parentales y hace que los hijos se sientan culpables (a veces avergonzados) por el simple hecho de existir. Compartiré una historia de Aaron, paciente de cincuenta y cinco años:

Hace unos años, ofrecí una fiesta por la jubilación de mi jefe. Mientras yo estaba en el jardín ocupándome de la barbacoa, mi padre se plantó en la entrada para recibir a cada uno de los invitados con comentarios tales como «Una casa cutre, ¿no crees?». Todos mis amigos se preguntaban cuál era el problema de mi viejo. Lo único que yo sabía era que no podía tolerar que tuviera una casa bonita, buenos amigos y que celebrara una fiesta.

Josefina, de cuarenta y seis años, era una mujer hermosa que cuidaba bien de sí misma, aunque era humilde respecto a su apariencia, su estilo, su sentido de la moda y todo en ella era imponente. Como muchas mujeres, se hacía la manicura profesional. Los demás solían preguntarle dónde compraba la ropa y quién le arreglaba el cabello y las uñas, pero, de todas formas, a ella le daba pena y vergüenza su aspecto. Había crecido con una madre narcisista que sentía celos de ella y siempre la castigaba con comentarios malintencionados. Esto es lo que Josefina relató:

Mi madre decía cosas como: «Siempre sabes si Josefina está presente porque se pasea con esos tacones altos o repiquetea las uñas rojas sobre todas las mesas para que la gente la note». No solo se burlaba de mi apariencia, sino que nunca se alegraba por nada de lo que me pasara.

La herida narcisista

Cuando un narcisista se siente rechazado o dejado de lado, es incapaz de procesar lo que ha percibido como una ofensa y de seguir adelante. Por el contrario, se obsesiona con el más mínimo desprecio. En consecuencia, quienes viven con esta clase de personas andan siempre de puntillas, esforzándose por no afectar su sensibilidad. Si el narcisista identifica a otro como alguien capaz de dañarlo, adquiere una actitud vengativa y defensiva, en ocasiones incluso abusiva.

Madison, paciente de veintiséis años, me confió que su madre sentía muchos celos de la relación que ella tenía con su padre. Me explicó que no solo resentía el tiempo a solas entre padre e hija, algo que Madison anhelaba cuando era niña, sino que envidiaba que él pareciera disfrutar más de estar con su hija que con ella.

Mi madre se molestaba cuando quería pasar tiempo con mi padre. A veces hacía muecas como un niño pequeño si le decía que saldríamos al parque un sábado o a ver una película que yo llevaba tiempo esperando. Otras, me dedicaba una mirada acusatoria y decía algo como: «¿Solo los dos?». Nunca mencionó las palabras «Amas más a tu padre que a mí», pero ese era el mensaje subyacente y me hacía sentir culpable por amar a mi padre y querer pasar tiempo con él. Al pensarlo con distancia, creo que también sentía que mi padre era más cercano a mí que a ella. Siempre que regresábamos de una salida en la que se lo había pasado de maravilla, ella parecía arruinarlo; estaba de mal humor, me molestaba o gritaba sin razón. No podía ocultar los celos. La situación llegó al punto en que me pregunté si merecía la pena enfrentar el castigo de su genio a cambio de la diversión que tenía con mi padre.

Falta de consistencia

Mientras que la consistencia es clave para una familia sana, las familias tóxicas se definen por el caos y la inestabilidad emocional, debido a que el narcisista proyecta en los demás los sentimientos que no reconoce. Son los niños en especial quienes sufren la ausencia de honestidad emocional, pues suelen sacar la conclusión, errónea, de que la inestabilidad de su padre o madre es su culpa; «si siempre están enfadados, el problema debo de ser yo».

Ruthie, una paciente entrada en la veintena, me contó una de las historias más tristes que he oído:

Mi infancia en casa fue, en mayor parte, aterradora. Mi padre era tan volátil e impredecible que sus hijos pasábamos el mayor tiempo posible fuera de casa, pero cuando éramos pequeños, no teníamos escapatoria. Recuerdo que a los siete años ideé un método para tranquilizarme, para darle a mi vida la coherencia que necesitaba: cada vez que pasaba del comedor a la cocina, me detenía en el umbral y parpadeaba. Hacerlo me brindaba una sensación de control que no encontraba en otro lado. Justo cuando comencé con la terapia, tomé consciencia de que las demás personas no necesitan hacer cosas descabelladas como esa, de que pueden relajarse y sentirse seguras. Y eso era lo que yo quería... ¡Consistencia! ¡Predictibilidad!

Familia prisionera de las necesidades del narcisista

El narcisista siempre debe tener el control, lo que deriva en que explote a los demás, incluso a los niños. Su estilo de crianza es autoritario y demandante, de modo que los hijos dedican mucha energía a intentar contentarlo.

Lorna, de cincuenta y cinco años, creció en un hogar en el que la madre complacía al padre narcisista y dictatorial. Él disfrutaba de su papel como dictador y dejaba en claro que no toleraría desobediencias. Desde que Lorna era pequeña, el hombre decidió que debía ser ama de casa y nana, a lo que la madre no se opuso:

Mi padre y mi madre trabajaban. Por lo tanto, desde mis cortos ocho años, fui responsable de la limpieza, de lavar los platos y la ropa, del cuidado de mis hermanos e, incluso, del planchado. Era algo descabellado para una niña de mi edad, que también debía mantenerse al día con la escuela, pero no podía hacerlo hasta que terminara todos los quehaceres, tarde por la noche. Lo más extraño era que pensaba que era normal y lo hacía todo para complacerlos. Más adelante, cuando mi propia hija tuvo ocho años, me percaté de que se habían estado aprovechando de mí y de que no se preocuparon por las necesidades de mi infancia. Cuando mi padre ponía reglas, las obedecía. De lo contrario...

El hijo adulto de padres narcisistas

Cuando los pacientes recurren a mí, suelen desconocer que han crecido dentro de un sistema cerrado de crianza narcisista. Hablan de una sensación latente de inquietud que no logran identificar; hacen preguntas que reflejan una ausencia profunda de identidad, tales como «¿Quién soy en realidad?», «¿Por qué me siento perdido?», «¿Por qué no sé lo que me gusta o quién quiero ser?», «¿Por qué sufro de baja autoestima incapacitante?», «¿Me querrán si me permito ser quien soy?», «¿Sería una mala persona si me alejara de mi familia?».

Al oír esa clase de preguntas, de inmediato me hago una idea de la clase de familia en la que ha crecido mi paciente, del impacto que ha tenido su infancia en su capacidad de formar una autoestima fuerte y de cómo esa historia familiar podría afectar sus relaciones presentes. Me siento esperanzada al comenzar a desentrañar su historia familiar y al ver cómo aceptan los desafíos de liberarse de una dinámica disfuncional.

Historia de Erica. Adultez: Pensamientos distorsionados abrumadores

Cuando Erica llegó a verme, la abrumaba una sensación de ansiedad crónica y generalizada. Tenía más de treinta años, dos hijos maravillosos, un hogar que amaba y, como supe en poco tiempo, un esposo que la confundía hasta paralizarla. Después de algunas sesiones, me contó una historia inquietante:

> *La otra noche, estaba en casa realizando las tareas de casa y pasando el rato con los niños; Tom aún no había llegado del trabajo. Mientras preparaba la cena, tenía una lavadora puesta y los niños veían la televisión, acurrucados en el sofá, se fue la luz. Eran las cinco y media y ya había anochecido, por lo que nos quedamos a oscuras. Mientras buscaba linternas y velas a tientas, Tom llegó y preguntó por qué estábamos a oscuras. Cuando le conté que había llamado a la compañía eléctrica y me habían informado que había facturas sin pagar, comenzó a gritarme: «¡Mentira! Las pago todas a tiempo». A lo que respondí: «Bueno, es evidente que te has olvidado de una...». Antes de que pudiera terminar de hablar, salió dando tumbos al grito de: «Erica, ¿le creerás a la rata de la compañía eléctrica o a mí?».*

La verdad era que en otras ocasiones Tom ya había dejado facturas sin pagar a espaldas de su esposa. A pesar de que ella podría haber aportado el dinero si él se lo hubiese pedido, Tom no podía perder el orgullo admitiendo que no tenía fondos, de modo que mentía. Acusar a Erica de creerle a una «rata» en lugar de a él es un ejemplo del uso narcisista del *gaslighting* y la manipulación de la realidad para salvar su imagen. Aunque Erica sabía que era un comportamiento descabellado, se sentía paralizada. Continuó con su relato:

Siento que vivo en una casa de espejos. Algunos días las cosas son claras y se sienten normales, pero otras veces parecen distorsionadas y fuera de equilibrio. Cada vez que siento un poco de tierra firme bajo mis pies, Tom hace o dice algo que hace que la realidad sea difícil de asir.

La vergüenza que Erica sentía al contarme esa historia era palpable. Le sostuve la mirada y le aseguré que no estaba loca. Para mí fue evidente que vivía como rehén de su esposo inmaduro y narcisista, eso nos dio un asunto concreto para trabajar. Sabía que podía ayudar a mi paciente a recuperar el centro de gravedad y la confianza en su propio juicio y que, con esfuerzo e introspección, sería capaz de relajarse y disfrutar la vida en sus propios términos.

El episodio del «corte de luz» de Erica es un ejemplo clásico de la dinámica disfuncional de un sistema familiar tóxico. Tom, el narcisista, fue incapaz de sincerarse y abrirse a lo que tenía ante sus ojos: ¡su familia estaba sentada a oscuras! Lo único que experimentó fue un golpe a su ego cuando Erica le señaló la simple verdad: no había pagado la factura de la luz. El ego de Tom era demasiado débil, por lo que cualquier cosa que percibiera como amenaza o desprecio a su puesto de «jefe de la familia» desataba una pataleta, una guerra de silencio o, en el caso de esta historia, un despliegue de pensamientos distorsionados enloquecedor.

¿Cómo puede ser que el comportamiento irracional de Tom tomara a Erica por sorpresa? Era una mujer competente, había terminado la universidad y había conseguido tener éxito en su trabajo mientras criaba a dos niños de menos de cinco años. Aunque los brotes irracionales y la negación de responsabilidad de Tom eran, sin dudas, descabellados, sus métodos para manipular a Erica solían ser más sutiles, con triangulaciones en la relación, en general poniéndola en contra de los hijos o de otras personas cercanas a ella; el objetivo final era que se cuestionara su percepción de la realidad. La obviedad de la situación en la que una factura a deber derivó en el corte de la luz (además de la demostración descarada de mezquindad narcisista de Tom), logró que Erica por fin comprendiera que ella no era el problema.

Vivir con un narcisista es como flotar en un bote en medio de un lago en calma en el que el ego provoca agitaciones constantes, como si fuera una criatura submarina. Quienes se encuentran a bordo no detectan el origen del problema, pero saben que el lago estaría en calma si no fuera por las oleadas ocasionales, sutiles pero inquietantes.

Los pasajeros del «bote» (el sistema familiar narcisista) desconocen qué causa las olas y necesitan tener una noción de su origen que se condiga con la realidad. Las turbulencias emocionales provocadas por la negación de la realidad de Tom impedían que Erica tuviera una base emocional sólida y, a su vez, mantenían su mente en «alerta máxima». El origen de las dudas de sí misma y de la ansiedad era la falta de correlación entre la realidad y el ocultamiento y negación de Tom.

Mi trabajo consistió en ayudar a Erica a explorar su infancia en busca de factores que pudieran haber contribuido a que se viera atraída hacia un narcisista a la hora de formar su propia familia.

Historia de Erica. Infancia: La madre demanda toda la atención

Erica creció con su hermano menor, Ben, en un pueblo pequeño, en una calle colmada de familias jóvenes. Siempre había un niño del vecindario para jugar, las aceras bullían con risas, ladridos de perros y niños llamándose. Los jardines estaban regados de bicicletas, balones de fútbol y grupos de niños, que se detenían y saludaban a los coches que pasaban.

Sin embargo, dentro de casa, la historia era otra. La madre de Erica tenía una emocionalmente frágil y era propensa a presentar enfermedades psicosomáticas, que la mantenían en cama durante días y la convertían en el centro de la atención familiar. Las cortinas solían estar echadas y los niños se habituaron a andar de puntillas por el suelo de madera chirriante. Por su parte, el padre de Erica, cuando no estaba trabajando (que era a menudo, aún con viajes extensos fuera del estado), trataba a la esposa como si estuviera en su lecho de muerte.

Erica me describió la sensación que tenía de que todo parecía desvanecerse cuando cruzaba el umbral de su casa. Al atravesar la puerta y adentrarse en la atmósfera silenciosa, su corazón se desplomaba. Pasaba de ser una integrante alegre y popular de los que definió como «niños radiantes» del vecindario a sentir que se desvanecería hasta desaparecer. Desde muy temprana edad, aprendió a ocultar sus sentimientos, consciente de que sus padres estaban abocados a las enfermedades falsas de su madre. Ignoraban sus necesidades para que su madre recibiera la atención que exigía. Al respecto, explicó:

Sabía que si pedía ayuda responderían con desprecio y rudeza. Cualquier consulta, ya fuera algo tan simple como una firma en la autorización para un viaje escolar, los exasperaba. Era como si todo lo que me concerniera fuera demasiado para ellos. Odiaban que Ben y yo los molestáramos, así que me convertí en la cuidadora de mi hermano y ambos vivimos como refugiados en nuestra propia casa.

Cuando le pregunté si creía que sus padres la amaban, enseguida respondió: «¡Por supuesto!». Pero después de ayudarla a comprender que «amar» es un verbo que se demuestra con actos desinteresados de bondad, atención, aceptación y apoyo incondicional, tomó consciencia de que, quizás, a la vida familiar de su infancia la había dominado una fuerza más poderosa que el amor.

El poder de la madre narcisista que entorpecía la vida familiar ha hecho que ninguno de los progenitores tuviera disponibilidad para amar de verdad a Erica y a Ben, quienes no han contado con el apoyo necesario para crecer y desarrollarse con plenitud. El narcisismo de la madre ha generado un entorno de descuido e indiferencia abyecto, aunque tranquilo. El padre podría haber contrarrestado la ausencia materna, pero estaba demasiado ligado a ella y a sus necesidades como para estar disponible para los niños. En consecuencia, Erica y Ben han tenido que criarse solos.

Al conocer su historia, no me ha sorprendido que Erica se hubiera sentido atraída hacia alguien como Tom. Provenía de una familia narcisista negligente, en la que sus necesidades eran ignoradas, y había aprendido a hacerse invisible para no causar problemas. Con su esposo, aprendió que si hacía lo que él quería y nunca expresaba su opinión, todo iría bien, mientras que si intentaba hablar se desataría el infierno. Ese era un patrón conocido para ella. Resulta interesante ver cómo nos atrae lo que nos es familiar hasta que comenzamos el camino de recuperación.

Historia de John: Una extensión de su padre

El narcisismo que afectaba a la familia de John era evidente y avasallante. Como hijo único, era controlado y dominado por su padre, John sénior, quien lo veía como una extensión de sí mismo. Desde su nacimiento, se convirtió en la encarnación de todas las oportunidades perdidas y desaires sociales de su padre y, desde pequeño, ha tenido la presión sobre sus hombros de ser «el mejor John posible». A los veinticinco años, me contó:

> *Siempre fui un estudiante de excelentes y un deportista estrella, y el resto de mi agenda estaba llena de actividades prestigiosas, tales como ser editor del periódico escolar. Pero al llegar al último año estaba exhausto y me recluí en casa sin saber por qué. Solo recuerdo que me sentía como un impostor, un fraude.*

John ha crecido anhelando el amor y la admiración de su padre, quien solo lo demostraba cuando recibía pruebas del valor de su hijo: un informe escolar deslumbrante, una mención en la sección deportiva del periódico local o alguna otra señal de que el mundo lo admiraba. Solo así se dignaba a expresar admiración por su hijo.

Para el padre, «fracasar no era una opción», de modo que John ha crecido con la idea de que no podía cometer errores, cambiar de opinión ni «desviarse del camino» por ningún motivo. John vivía bajo tanta presión que, cuando por fin entró en la prestigiosa universidad de la Liga Ivy que su padre había escogido (a la que John sénior no había logrado ir), la depresión lo paralizó y se vio obligado a abandonarla después del primer semestre. Cuando comenzamos su tratamiento, no tenía ni idea de quién era, por qué asistía a la universidad ni qué lugar tenía en el mundo. Había estado tan ligado a su padre dominante que nunca tuvo el espacio ni el apoyo necesarios para desarrollar una identidad propia sólida. En lugar de criarlo, su padre narcisista lo había consumido.

Puede que las historias de John y de Erica parezcan polos opuestos: una, la imagen de la indiferencia y la negligencia encubiertas; la otra, de una dominación sofocante y abierta. Aunque sus padres representan los dos estilos de crianza narcisista, ambas experiencias dieron como resultado que los hijos carecieron de la crianza y del amor incondicional necesarios para desarrollar un sentido de identidad propio.

Dos clases de paternidad narcisista: encubierta y abierta

El narcisismo abierto es el más fácil de detectar, ya que entre sus características se encuentran la demostración de grandiosidad, sentido de alta valía propia, jactancia, arrogancia, sensación de privilegio y fantasías de éxito. Puede que la mayoría os imaginéis este comportamiento al pensar en narcisismo.

La descripción que Charlie, de sesenta años, hace de su madre encaja a la perfección con la definición de narcisismo abierto:

Mi madre se centra por completo en sí misma y espera que el mundo gire a su alrededor. Habla de ella y de sus logros sin parar con cualquiera que la escuche. Si consigues expresar tus pensamientos, ideas o experiencias, tiene un método para ignorar lo que has dicho y volver la conversación hacia sí misma de inmediato. Estar con ella es agotador.

Cuando él era niño, su madre se comportaba del mismo modo: atraía la atención hacia sí misma y nunca se fijaba en las preocupaciones o logros de Charlie. Siempre ha deseado tener una madre con la que pudiera hablar de sus sentimientos, que le brindara consuelo, que estuviera orgullosa de él; sin embargo, pronto supo que eso no sucedería:

Recuerdo llegar molesto por algo que había sucedido en la escuela y querer contárselo a mi madre. Ella me interrumpía, ignoraba mi relato y comenzaba a hablar sobre sí misma, porque lo que fuera que le estuviera contando le había recordado una experiencia personal. Y nunca reconocía las cosas buenas que hacía; se disponía a hablar de su infancia y de lo excepcional que era en todo lo que hacía.

El narcisismo encubierto es más difícil de detectar, pues su comportamiento es más reservado. Existe una sensación sutil de superioridad; el narcisista puede ser manipulador y pasivo-agresivo por lo bajo, pero, aun así, intentará que todo proceda a su manera. Sharline, paciente de cuarenta y dos años, describió a su padre:

Mi padre lleva las riendas de un modo silencioso y autoritario. Es rígido y crítico al mismo tiempo. Con una mirada suya, sabes que estás en problemas. Aunque su manipulación es silenciosa, taciturna y berrinchuda, siempre sabes si está enfadado; hay que vivir con él para notarlo. Cuando crecía, cada vez que demostraba interés en algo, lo menospreciaba en silencio. Yo deseaba mucho ir a clases de piano, pero él creía que era una pérdida de tiempo, quizás porque no era adepto a la música. Si mencionaba el tema, mantenía la vista a la distancia o me miraba con expresión incrédula, como si fuera una tonta tan solo por haberlo dicho. Aún hoy, que tengo un buen trabajo que me resulta gratificante, intenta socavar mi sensación de independencia expresando su desacuerdo con mi elección profesional. Quería que fuera ingeniera, al igual que él, por lo que mi decisión de convertirme en maestra de educación infantil no fue suficiente para él. Cada vez que hablo de mi trabajo, encuentra una excusa para salir del lugar.

Ambas clases de narcisista envidian a los demás, tienen un ego débil, carecen de empatía y de la capacidad de comprender los sentimientos de los demás, explotan sus relaciones interpersonales y se creen especiales o únicos. El impacto que tienen como padres es el mismo: los hijos crecen sin una sensación de identidad fuerte y sin haber experimentado amor e intimidad sanos. No es de sorprender que estos niños suelan recrear una versión de su propia familia disfuncional siendo adultos. Comprender el origen de sus familias y el legado oscuro de amor parental narcisista es lo que liberará a Erica, John, Charlie, Sharline y a cientos de personas que reproducen el árbol familiar narcisista.

Continuemos...

En este capítulo hemos explorado algunos aspectos de la dinámica disfuncional de la familia narcisista como vía para tener una idea de la estructura psicológica de estas familias: comunicación distorsionada, énfasis en la imagen, falta de confianza de los hijos, falta de empatía y responsabilidad de los padres e insistencia en que sus necesidades sean lo más importante.

En el capítulo siguiente, nos adentraremos más en los patrones de comunicación distorsionada de la familia narcisista.

Soy consciente de que es mucha información fuerte de asimilar, pero aprender todo lo posible acerca de las complejidades de la crianza narcisista ayuda a superar la herencia de un sistema insalubre para dar paso a la recuperación.

2

Comunicación distorsionada

Nunca he aprendido a defenderme ni a comunicarme de forma directa. En mi familia de origen, si tenía una opinión diferente a la de mis padres, era humillada y avergonzada. Aún hoy, cada vez que intento hablar de algo que no me ha gustado sobre mi infancia, dicen que estoy loca y niegan que ocurriera lo que sé que ocurrió. Afirman que es producto de mi naturaleza sensible y de mi imaginación.

Carlos, cuarenta y tres años.

La comunicación es un tema amplio sobre el que se han escrito libros enteros; es nuestra forma de conectarnos con los demás, crucial para toda relación íntima. Para ser sana, la comunicación debe ser abierta, relajada, recíproca y respetuosa. Implica escucha activa, reflexión y reconocimiento de las emociones del otro. Asimismo, en una relación sana debemos estar cómodos siendo nosotros mismos y expresándonos de forma auténtica. Así pues, una conversación reconfortante inspira lo mejor de nosotros para que podamos brillar.

Existen muchas formas de comunicación interpersonal (verbal, no verbal, escrita, visual, a través de nuestros actos) y, para poder vivir, trabajar y jugar, los miembros de una familia deben llevarlas a cabo de forma efectiva. En un entorno sano, las interacciones son amables, directas y sinceras, con comprensión y apoyo mutuo.

En las familias narcisistas, la comunicación no es directa en absoluto, pues mantener un sistema desequilibrado y crear confusión y dolor es más importante que la honestidad y la comprensión. Aquí abordaremos las técnicas de comunicación disfuncional presentes en una familia narcisista. Resiste, no será divertido.

Gaslighting

El término «*gaslighting*», luz de gas, se popularizó en una obra teatral, que luego ha sido adaptada al cine en la película *Gaslight*[1] (*Luz que agoniza* en España), de 1944. La película trata de una mujer casada con un hombre controlador y manipulador que intentaba convencerla de que estaba loca. Para hacerlo, atenuaba la luz de las lámparas de gas y, cuando ella lo notaba, afirmaba que la luz estaba bien y que la mujer se imaginaba cosas. El *gaslighting* es una forma de abuso emocional y psicológico sigiloso con efectos devastadores. Los abusadores lo utilizan como medio para hacer que las víctimas duden de su realidad y comiencen a cuestionar su estabilidad mental.

En general, el narcisista utiliza este método para conservar el control, pues si es capaz de hacer que el otro se sienta inseguro, incompetente y angustiado, podrá controlarlo con más facilidad. Es terrible hacer algo así a los demás, en particular a los propios hijos durante la crianza. Sin duda, un buen padre querrá que sus hijos confíen en lo que sienten, que sean fuertes, competentes y seguros de sí mismos.

La mayor prueba de *gaslighting* aparece cuando mis pacientes intentan criticar comportamientos de un padre narcisista, cuyo ego frágil no le permite aceptar confrontaciones o hacerse responsable de sus actos. Suelo desalentar a mis pacientes de hacer esto, ya que la incapacidad del narcisista de responsabilizarse por su comportamiento pasado solo resulta en que el hijo adulto reviva el dolor, la decepción y la angustia.

Mi paciente Jody, de cuarenta y nueve años, me ha contado esta historia de una confrontación con su madre:

Estaba muy emocionada porque me había esforzado mucho en terapia para recuperarme. Me sentía fuerte, lista para desahogarme y decirle a mi madre que comprendía que había sido abusiva en mi crianza, tanto física como emocionalmente. No sé qué esperaba, ¡pero la cosa no ha terminado bien! Me estuvo escuchando sentada con actitud altanera durante unos segundos, hasta que me interrumpió para decirme que me largara de su casa o llamaría a la policía. Afirmó que nada de lo que decía era verdad y, antes de irme, concluyó con: «¡Soy la mejor madre que podrías haber tenido!». Me ha dejado perpleja, como si estuviera a punto de recaer en el trastorno de estrés postraumático.

Muchos de mis pacientes esperan tener esta clase de confrontaciones, pero no suelen llegar a buen puerto, y es por eso por lo que las desaconsejo. Como veremos en «Tercera parte: Sanar y liberarse», la recuperación es un trabajo interno que no incluye confrontar o cambiar a los padres.

El *gaslighting* también puede incluir que el padre o madre afirme no recordar las situaciones del mismo modo o que diga que su hijo es demasiado sensible. Mark, de cuarenta y tres años, relató esta conversación con su padre:

Cada vez que he intentado hablar con mi padre acerca de lo que siento respecto a mi infancia, me ha dicho que yo era el más sensible de la familia, el que nunca podía ser feliz. Siempre concluía las conversaciones diciendo: «Espero que algún día encuentres la felicidad», cuando la realidad era, y es, que soy feliz y tengo una buena vida, pero él no es capaz de reconocerlo. Que tenga una vida feliz a pesar de las experiencias de mi infancia es demasiado amenazante para él.

Nadia, una paciente de treinta años, recordó varias oportunidades en las que su padre, con técnicas de *gaslighting*, ha hecho que ella y su madre creyeran que estaban locas:

Un día, cuando tenía unos quince años, cayó la noche y mi padre otra vez no había llegado a casa, así que mi madre y yo salimos a buscarlo. Lo encontramos entrando a un bar con otra mujer; él no nos vio, entonces regresamos a casa a esperarlo. Cuando llegó, mintió diciendo que había estado trabajando horas de más. Mi madre no quiso montar un escándalo en ese momento, pero ambas sabíamos lo que habíamos visto. En otra ocasión, salí al cine con mis amigas y lo vi en una fila de delante con otra mujer; supe que también me había visto, pero nadie dijo nada. A la mañana siguiente, en el desayuno, le dije que lo había visto en el cine, a lo que respondió que estaba loca; de hecho, se rio de mí. Así eran las cosas.

Al igual que en la película *Luz que agoniza*, muchos de mis pacientes han llegado a dudar de su propia cordura cuando su padre o madre narcisista han contradicho la realidad de los hechos con una mentira. Les he asegurado que, sin dudas, no estaban locos. Lo que han experimentado es un comportamiento enloquecedor conocido como *gaslighting*, una técnica de control utilizada por los narcisistas.

Triangulación y mensajes indirectos

Una conversación sana incluye transmitir un mensaje hablando cara a cara con el destinatario, mientras que la triangulación es una forma de comunicación indirecta. En las familias narcisistas, es frecuente que un integrante hable con otro acerca de un tercero, en lugar de hablar de frente. El mensaje acaba por llegar al objetivo, pero suele distorsionarse en el proceso; similar al juego de niños del «teléfono escacharrado».

La diferencia entre una comunicación sana y una insana es clara: una es la línea de conversación directa, contra la otra, un triángulo de comunicación indirecta. Pero ¿por qué un miembro de la familia usaría este método de triangulación? Porque ha aprendido a ser deshonesto e indirecto como medio para evitar que sus sentimientos resulten heridos o porque ha comprobado que expresarlos puede derivar en peleas, por lo que le resulta más fácil comunicarse a través de un tercero. Es posible que este comportamiento pasivo-agresivo sea un camino para lastimar a alguien de forma indirecta. Si un miembro de la familia está enfadado con otro, expresa la rabia sin hablar de frente con la persona con la que está enojado; no resuelve nada de ese modo, por supuesto. El problema no se aborda y el aire se carga de tensión.

Veremos el método de triangulación de Candace. A sus sesenta años, se enfadó mucho con su hija Lana, de treinta y dos, pero decidió expresarlo de forma indirecta. Candace había organizado una comida para toda la familia, pero Lana llamó a último momento para avisar que no podría asistir porque se sentía indispuesta; por lo tanto, sus tres hijos tampoco asistirían. En lugar de llamar a su hija para expresar su descontento, Candace pasó todo el día enfurruñada y diciéndole al resto de la familia que Lana había sido grosera y desconsiderada. Su objetivo, sin dudas, era que su hija recibiera el mensaje y se sintiera culpable. Tal como esperaba, el hermano de Lana la llamó al día siguiente para decirle que su madre había pasado todo el día criticándola. Saberlo la hirió e hizo que pasara días sintiéndose culpable, pero nunca tuvo una conversación directa al respecto con ella. En su siguiente encuentro fue como si nada hubiera pasado. Lana y su hermano sabían que hablar de eso solo provocaría más problemas, pues su madre lo negaría todo.

Olivia, madre narcisista de cuarenta y cuatro años, estaba enfadada por la adicción al alcohol de su hijo de veinte y por los problemas que eso le acarreaba a él. Su preocupación era, en especial, por la mala imagen maternal que daba ella y cómo afectaba la reputación de la familia en general. Sin embargo, en lugar de hablar con él para animarlo a que buscara ayuda, descargó su descontento denigrándolo frente a su otro hijo, Griffin, de veintidós años. Griffin me ha brindado este ejemplo de la comunicación indirecta de su madre:

La mayor preocupación de mi madre parecía ser la imagen que daban los problemas de mi hermano a los demás. Odiaba oírla denigrar a mi hermano, a pesar de que sabía que él tenía un problema. Aunque no me sorprendía; ella siempre hablaba a espaldas de los demás. El hecho de que se quejara conmigo pero no pudiera hablar con mi hermano sobre lo que le ocurría es algo muy triste.

Es evidente que la triangulación no soluciona problemas, sino que mantiene la tensión en el aire. Aumenta la desconfianza y la falta de seguridad, ya que los miembros de la familia hablan a espaldas de los demás en lugar de intentar resolver los conflictos cara a cara.

Proyección

La proyección es un mecanismo por el que las personas transfieren sus emociones a otra gente. Los narcisistas no lidian con sus propios sentimientos, sino que los proyectan hacia los demás. En consecuencia, si el padre o la madre narcisista están enfadados, podrían decirle a su hijo: «Sofia, ¿por qué estás tan enfurruñada hoy?», y Sofía sentirá que el comentario no tiene sentido porque no tiene nada que ver con ella. ¿Puedes imaginar lo confuso que es esto para un niño? Internalizará la situación y pensará que ha hecho algo malo, aunque no sepa qué ha sucedido. De esta manera, los hijos se convierten en chivos expiatorios del autodesprecio e infelicidad de los padres.

Este mecanismo también está presente cuando el narcisista acusa al niño de un comportamiento propio. Por ejemplo, si siente que tiene alguna carencia, es posible que llame a su hijo ignorante o despistado. O una madre que no se ha esforzado lo suficiente para terminar los estudios podría decir que su hija es una holgazana.

Calvin, un paciente mío de cincuenta años, ha compartido conmigo la siguiente historia acerca del desentendimiento de su madre, en la que el mecanismo de proyección es evidente:

Aunque no lo crea, mi madre ha sido una ladrona. Estoy seguro de que era cleptómana, pero no se lo ha tratado. Nunca hemos dicho nada, aunque desde niños sabíamos que siempre robaba cosas de Walmart u otras tiendas. Y lo peor era que nos culpaba a nosotros, nos llamaba ladrones y hacía que nos metiéramos en problemas por algo que no habíamos hecho. Era tan confuso que ni siquiera podíamos explicarlo. Aunque todos habíamos visto lo sucedido, no teníamos el valor ni el poder para contradecirla.

Imagina cómo sobreviven los niños pequeños a esta clase de abuso artero.

La madre de Kayla, de cincuenta años, presenta otro ejemplo de proyección. La mujer cree saber lo que siente Kayla, de veinticinco años, y siempre comparte mentiras con los demás, tales como: «Kayla odia eso...» o «Kayla nunca haría tal cosa...». La mayoría de las veces son proyecciones de sus propias ideas, no de las de su hija. Cuando Kayla comenzó a ejercer de trabajadora social, el primer comentario de su madre fue: «¡Y pensar que ni siquiera te gusta la gente!». La realidad es que Kayla es extrovertida y sociable, de modo que el comentario no podía estar más equivocado. En el momento en que descubrió que las afirmaciones falsas eran, más que nada, proyecciones de las actitudes y sentimientos propios de su madre, las piezas del rompecabezas familiar encajaron enseguida. Gracias a ese descubrimiento, Kayla ha comenzado a sentirse aliviada y validada.

Vergüenza y humillación

¿Qué mejor manera de silenciar a un hijo que a través de la vergüenza y la humillación? Es una táctica frecuente que hace que la familia se ande con ojo y asegura que el narcisista tenga el control. Su ego frágil y autodesprecio generan la necesidad de proyectar los sentimientos humillantes en los demás. Este es un método de abuso emocional que puede manifestarse en menosprecio verbal, una mirada hostil, un gesto o tan solo con un desaire.

Una de las tácticas más hirientes que he visto en padres narcisistas es la de avergonzar a sus hijos en las redes sociales. En 2018, el periódico británico *Sun* me entrevistó por este asunto, ya que los editores habían encontrado numerosos vídeos de padres castigando a sus hijos en Internet. Me han mostrado ejemplos en los que aplastaban una Xbox con el coche, prendían fuego a regalos de Navidad, le rasuraban la cabeza a un niño o le hacían un corte ridículo con amenazas como: «Te quedarás así hasta que te comportes mejor en la escuela». La cantidad de visualizaciones que tenían esos vídeos era alarmante. He compartido mi opinión en el periódico:

> No solo es un abuso emocional, sino que provoca que los jóvenes se conviertan en adultos con muy baja autoestima, miedo y ansiedad persistente. Los niños respetan a quienes los respetan. Si queréis que vuestros hijos se conviertan en personas buenas y amorosas, que tengan empatía en sus relaciones y como padres, primero debéis brindárselo a ellos.[2]

Puede ser difícil de creer, pero, a veces, los narcisistas humillan y avergüenzan a sus hijos por hacer cosas buenas. Jennifer, paciente de cincuenta y dos años, me ha confesado que le resultaba difícil sentirse orgullosa de sus logros porque su madre siempre la avergonzaba:

Solía recibir reconocimientos en Ciencias cuando iba al instituto, pero al contárselo a mi madre, su respuesta era: «Que no se te suban los humos. Y no se lo digas a nadie o pensará que estás alardeando». En lugar de enorgullecerse, parecía enfadarse conmigo por mencionar el premio siquiera. Con el tiempo, he aprendido a guardar mis éxitos para mí misma.

¿Por qué su madre sentía la necesidad de avergonzarla por ganar premios en Ciencias? Porque un narcisista no tolera que su hijo tenga éxito en las áreas que él nunca lo ha tenido.

Jake, a sus cuarenta años, relató que uno de los dichos predilectos de su padre era: «¿Quién te crees que eres?», lo que solía ocurrir cuando estaba siendo él mismo y divirtiéndose. Si su comportamiento, por algún motivo, no tenía la aprobación de su padre, era desalentado con esa pregunta brusca. Jake me ha contado que cuando era niño no comprendía a qué se refería su padre, pero que, de todas formas, la pregunta seguía atormentándolo:

Solía contar chistes e intentar ser gracioso con tonterías cuando estaba con mis amigos. Me sentaba bien reír y ser un niñato a veces. Pero mi padre era un viejo cascarrabias, negativo y gruñón, que no toleraba que estuviera alegre o me divirtiera. Siempre me hería al decir «¿Quién te crees que eres?», porque no me creía especial, tan solo me divertía, o eso intentaba. Él me hacía sentir vergüenza por estar feliz y, hoy en día, aún me cuesta ser yo mismo frente a los demás.

A Sarah, de cuarenta años, su madre narcisista siempre le repetía la siguiente frase tan frecuente como inapropiada: «¿Qué pasa contigo?». Que un padre haga esa pregunta en tono compasivo, para saber si su hijo tiene un problema o se siente mal por algo y para darle la oportunidad de expresar sus sentimientos, es algo positivo. Por el contrario, el narcisista formula la pregunta con exasperación y de una forma humillante que señala un defecto en el niño. Cuando un padre (la persona de la que el niño depende), señala que hay algo malo en su hijo, el niño internaliza y cree en ese comentario, por lo que se pregunta a sí mismo «¿Qué pasa *conmigo*?» y se esfuerza por encontrar la respuesta. Se valdrá de su conocimiento y experiencia limitados para encontrarla. En consecuencia, es posible que el hijo del narcisista adopte el mensaje negativo de que «No soy suficiente» o «Soy una mala persona». Así, la vergüenza se hace persistente y difícil de superar.

Sarah relató:

El mensaje que recibía de mi madre era que nada de lo que hiciera estaba bien. Era incapaz de felicitarme por nada o de decirme que había hecho un buen trabajo con algo que significaba mucho para mí. Siempre tenía que hacerlo mejor, mucho mejor, así que no podía relajarme. Vivía hiperalerta, esperando a que dijera algo que me hiciera sentir incompetente, y con el temor constante a cometer un error.

Mandy, de cuarenta y cinco años, ha crecido con una madre narcisista que exigía reconocimiento por todo lo que hacía, incluso por cómo cocinaba. Su padre hacía cumplidos exagerados, como «¡Vaya, otra cena de cinco estrellas, cariño!», y los demás festejaban en aprobación. La tarea de Mandy era la limpieza, ya que su madre nunca le ha enseñado a cocinar. Con el tiempo, ha aprendido a hacerlo, pero se percató de que cada vez que sus padres la visitaban pensaban que era una pésima cocinera. Aunque se esforzaba por complacerlos con preparaciones especiales, recibía provocaciones crueles por parte de su madre: «¡Creo que no has heredado mi habilidad en la cocina!». Dado que había sido marginada y criticada por su madre desde niña, Mandy creía en esos comentarios negativos y se avergonzaba de sí misma.

Trabajando juntas, hemos logrado que comenzara a liberarse de esa negatividad. Durante una sesión de terapia, me ha mostrado la fotografía de una placa que colocó en su cocina que reza: «Muchas personas han comido aquí y han seguido con sus normales y sanas vidas». La felicité por su ocurrencia y sentido del humor.

Por desgracia, la vergüenza y la humillación son armas muy poderosas. Si tu padre o madre ha tenido esta clase de comportamiento en tu infancia, sabes que pudo causar que cerraras tus emociones y dudaras de ti mismo. Esta situación es más traumática cuando afecta a niños que apenas comienzan a aprender sobre relaciones interpersonales. Mi paciente de veintinueve años, William, me ha compartido esta triste historia de humillación por parte de su padre cuando iba al instituto. Me ha dolido el corazón por él:

Cuando era niño, mi padre era simplemente malvado. Yo no era el hijo perfecto, claro, pero sus castigos no eran apropiados. En una ocasión, me metí en problemas por tirarle del cabello a una niña de la escuela. Me gustaba y creo que fue mi forma de coquetear con ella, pero el centro llamó a mis padres para contarles mi comportamiento. Mi padre, enfurecido, se negó a asistir, diciendo que lo gestionaría a su modo. Al día siguiente, compartió un vídeo en las redes sociales en el que me obligaba a caminar a la escuela detrás de su coche con un letrero de ABUSÓN en el pecho. Después de ese episodio, me volví retraído por terror a sufrir más humillaciones.

Distorsionar y reescribir la historia

En relaciones sanas, es posible que las personas disientan en su percepción de una situación en particular. En ese caso, comparten sus opiniones y reconocen que es posible tener perspectivas diferentes, pero los hechos son irrefutables. Por ejemplo, si un niño se cae de la bicicleta, puede que padre e hijo piensen que ha sucedido por motivos diferentes, pero es indiscutible que el niño se ha caído. Sin embargo, en una familia narcisista, los hechos se distorsionan y, con frecuencia, el narcisista los reescribe para sentirse mejor consigo mismo.

Frankie, a sus cincuenta años, recuerda cuando su padre lo enseñó a montar a caballo con un poni Shetland, un animal muy enérgico, propenso a corcovear y alzarse en sus patas traseras. Frankie tenía apenas siete años y ansiaba poder montar como sus hermanos mayores, pero, por desgracia, el caballo corcoveó durante una práctica y él se rompió una pierna. Su padre narcisista no solo se burló de él llamándole estúpido, sino que le ordenó que volviera a montar al caballo para «enseñarle quién era el jefe». La humillación empeoró luego, cuando les contó el incidente a sus hermanos mayores, que también se mofaron de él.

El dolor físico y emocional que ha sufrido Frankie fue tan profundo que el evento se ha convertido en un trauma que ha tenido que trabajar en terapia muchos años después. Antes de hacerlo, ha confrontado a su padre como adulto para intentar procesar el suceso con él. No suele ser una buena idea confrontarse a un padre narcisista. El suyo lo escuchó un momento, se echó a reír y empezó a reescribir la historia, diciendo que ese evento nunca había ocurrido. Luego agregó: «Y si sucedió, te enseñó una buena lección: a ser fuerte». En realidad, Frankie no aprendió esa lección, de modo que la idea de su padre estaba distorsionada. Reescribir la historia familiar fue un mecanismo que le permitió al padre evitar responsabilizarse por no haber cuidado mejor de su hijo pequeño. Por otra parte, para Frankie, el accidente de la infancia y la conversación de la adultez provocaron confusión, dudas de sí mismo, vergüenza y decepción.

Cindy, paciente de sesenta y cinco años, me ha acercado otra historia de distorsión de la historia familiar, que ha salido a la luz muchas décadas después de que ocurriese el evento. Cindy se quedó embarazada de su novio del instituto, por lo que tenían poco tiempo para planear la boda. Aunque su madre narcisista mostraba su apoyo a los planes de la pareja, en realidad estaba muy decepcionada por no tener tiempo de coser un vestido para Cindy; un sueño que tenía desde hacía mucho tiempo. Era comprensible que estuviera decepcionada por no poder cumplir un sueño, pero no lo olvidó y centró la elección del vestido en ella, en lugar de centrarla en Cindy.

Cindy se enteró muchos años después del malestar de su madre. Un día, fue a verla y a buscar el vestido que había comprado para la boda; lo había guardado en el desván y deseaba adaptarlo para la boda de su propia hija. No pudo encontrarlo, así que le preguntó a su madre dónde estaba, pero la mujer se mostró sorprendida y aseguró no tener idea. Algunos días más tarde, Cindy le contó lo sucedido a su hermana menor, quien le confesó que había usado el vestido para un musical del instituto hacía unos años. Su madre se lo había dado sin consultarlo con Cindy. La hermana lo había usado, luego se había emborrachado y había tropezado de camino al tren, por lo que se lo había desgarrado y ensuciado. Después de eso, su madre lo había arrojado a la basura sin más.

Cuando Cindy plantó cara a su madre, la mujer reescribió la historia de inmediato. «Fuiste tú quien se emborrachó y se cargó el maldito vestido; ¡y tú lo tiraste a la basura! ¡No puedo creer que no lo recuerdes!». Como aún estaba molesta por no haber podido cumplir el sueño de confeccionar el vestido de su hija, la madre de Cindy recurrió a distorsionar y reescribir la historia, a pesar de que, a esas alturas, sus dos hijas sabían la verdad. Incapaz de gestionar su comportamiento egocéntrico, decidió cambiar la historia.

Teri, una mujer de treinta y ocho años que ha tenido que esforzarse para terminar la universidad al tiempo que criaba a sus hijos y creaba su negocio, también relató que su padre ha reescrito parte de su historia familiar. Ha crecido en una familia pobre, de modo que sus padres no han podido costear su educación y tampoco han demostrado interés en sus logros académicos. Con el tiempo, se ha convertido en una mujer exitosa, aunque aún le quedan muchos años de préstamos estudiantiles por pagar. Al recibir una llamada telefónica de su padre hace poco tiempo, recordó el dolor y la consternación por cómo distorsionaba los «hechos»:

Mi padre me llamó el otro día y, en medio de una conversación casual, me dijo que estaba muy orgulloso de haberme ayudado a asistir a la universidad y de haberme pagado los cuatro diplomas. Por poco me caí de la silla. Mis padres no han pagado ni un centavo de mi educación ni se han interesado por mis estudios, aunque sea una pizca, como para ir a mis graduaciones. ¿Por qué reescribiría la historia de ese modo?

Los narcisistas no se hacen responsables de su comportamiento; tampoco reconocen ni trabajan en sus sentimientos. En general, son personas de ego frágil que se desprecian a sí mismas. Algunas veces, se convencen de que su versión de la historia es la correcta e incluso intentan hacer que otros miembros de la familia apoyen sus versiones irreales. Sin lugar a dudas, sus engaños son confusos para quienes tenemos el valor de defender la verdad.

La rabia narcisista

Todos nos enfadamos alguna vez, incluso podemos tener brotes de ira o rabia; somos humanos, no perfectos. Sin embargo, las personas de emocionalidad sana se hacen responsables de su comportamiento, se arrepienten e intentan enmendar la situación. Piensa en alguna ocasión en la que hayas perdido la compostura y luego hayas hecho todo lo posible por mejorar las cosas. Al hacerlo, has reconocido que tu comportamiento ha podido afectar a otra persona; has sido capaz de ponerte en la piel del otro y de empatizar.

Por el contrario, los narcisistas son incapaces de empatizar con las emociones de los demás. De hecho, suelen utilizar la rabia como mecanismo de control. Al ser confrontados por su comportamiento, en lugar de reconocerlo y disculparse, se enfadan y redoblan la apuesta hasta que la otra persona se echa atrás.

Ser el blanco de la rabia de otra persona es aterrador, en especial para un niño, pero también los adultos nos sentimos incómodos y vulnerados al estar en esa posición. En mi trabajo como terapeuta he sido testigo de brotes de ira narcisista en sesiones de terapia familiar y de pareja y he escuchado muchas historias de padres que se han desfogado de rabia con sus hijos. También he sido el blanco de la rabia narcisista. Si expreso una opinión con la que el paciente narcisista no está de acuerdo, me ubica en la categoría de «mala terapeuta».

Recuerdo una sesión en la que intenté que un padre demostrara empatía y reconociera los sentimientos de sus dos hijos menores. El hombre estaba muy irritado conmigo porque su estilo de crianza era autoritario y creía que debía tener mano dura y que los sentimientos de sus hijos eran irrelevantes. Lo que le importaba era que los niños hicieran su voluntad sin cuestionamientos. Intenté enseñarle a empatizar y a escuchar lo que sus hijos decían y demostrarles interés por sus sentimientos. Le sugerí decir algo como «Entiendo que os guste montar en vuestras bicis, así que os permitiré hacerlo después de terminar los deberes. ¿Qué os parece?», pero, de pronto, se puso de pie, me tomó del brazo y gritó: «¿No ve cómo lastima a mis hijos?». Aunque me dejó perpleja, mantuve la calma y le pedí que me soltara el brazo y se marchara de mi despacho o, si no, llamaría a la policía. Sobra decir que no he vuelto a ver a esa familia y que aún me pregunto cómo se encontrarán esos niños adorables. Es probable que estén muy bien criados, pero cerrados emocionalmente, al igual que cuando los conocí, ya que los niños que crecen avasallados por la rabia de un padre narcisista crecen sin voz propia. Aprenden a ser callados, a no ser vistos ni oídos en casa, y, en terapia, suelen declarar que se han sentido invisibles en la infancia.

En mi práctica, es frecuente oír historias de brotes de rabia narcisista que han dejado huellas traumáticas en los hijos, tanto niños como adultos.

Mientras recordaba la historia de arrebatos de ira de su padre, Krisha, paciente de veintiséis años, ha relatado un incidente de su infancia. Estaba haciendo la compra con su padre y, según describe, él «perdió la cabeza»:

Estábamos en la cola para pagar, que era bastante larga. Él odiaba hacer colas y yo comencé a ponerme muy nerviosa porque sabía que estaba a punto de estallar. A pesar de que estaba acostumbrada a sus arrebatos, no podía evitar tenerles miedo. De repente, me empujó fuera de la fila, me arrastró hasta el puesto del encargado y exigió a gritos que el hombre nos atendiera de inmediato. Cuando el encargado le dijo que debía regresar a la cola como todos los demás, mi padre lanzó los huevos al suelo y comenzó a gritarle a todo pulmón. Luego volvió a arrastrarme a la salida a empujones mientras insultaba a los demás clientes. Me sentí muy avergonzada y temí que también descargara la rabia conmigo. ¡Y todo por un mísero cartón de huevos!

Tyrone, de treinta y dos años, ha crecido con un padre narcisista que, al menos para el mundo exterior, parecía más encantador que el padre de Krisha. Sin embargo, en casa era un tirano que exigía a toda la familia que lo adorara y obedeciera siempre. En una sesión, me ha contado cómo desviarse, aunque fuera un mínimo, de las exigencias de su padre podía generar ira:

En casa era un dictador. Las cosas debían ser a su modo y no toleraba confrontaciones. Si lo contradecía en lo más mínimo, levantaba la voz, alzaba una mano y me hacía callar. Cuando su rabia se le descontrolaba, usaba epítetos horribles e irrespetuosos conmigo, con mi hermana o con mi madre. Tan solo expresar nuestras opiniones era suficiente para irritarlo. Con el tiempo, mi madre se deprimió tanto que comenzó a tomar medicación, pero mi padre lo utilizó como arma en contra de ella. La atacaba con frases como: «¿Por qué eres tan débil? ¿Por qué no puedes controlar tus emociones?». ¡Y lo decía alguien que nunca había sido capaz de controlar las suyas!

A veces, el narcisista expresa la rabia de formas más moderadas, pero afecta a los niños de todas formas, pues se ignoran sus necesidades y deseos. Cheryl, paciente de cuarenta y tres años, ha compartido la historia de cómo su madre narcisista se enfureció al no ser tratada como una estrella el Día de la Madre:

El año pasado, mis hermanos y yo decidimos compartir el Día de la Madre solo con nuestras propias familias en lugar de reunirnos todos como siempre. Mi madre estaba habituada a que hubiera una superproducción centrada en ella: un almuerzo el domingo en su honor, un pastel con su nombre y regalos de todos sus hijos y nietos. En su lugar, le informamos del cambio de planes y le enviamos un arreglo floral hermoso y una caja de bombones. En consecuencia, nos llamó a todos para decirnos que estaba muy molesta. A mí me dijo: «¡No me puedo creer que me trates así, Cheryl!». Luego nos ignoró a todos durante tres meses; hasta que necesitó ayuda para arreglar el jardín.

La madre de Cheryl estaba acostumbrada a ser la «reina» de la familia y sus hijos habían aprendido a girar en torno a ella y a demostrarle la admiración que exigía. Cuando crecieron y formaron sus propias familias, decidieron dejar de hacerlo y tomaron conciencia de que no era sano. Sin lugar a dudas, su madre narcisista desaprobó los cambios, pues dejó de ser el foco de atención. En lugar de comprender los puntos de vista de sus hijos adultos, se dejó llevar por la rabia en su intento de manipularlos.

Continuemos...

En este capítulo hemos hablado de diferentes formas de comunicación distorsionada en las familias narcisistas, cuyo denominador común es la deshonestidad. Si has crecido en una familia tóxica, no es de sorprender que hayas aprendido a no confiar en los demás. Tampoco que no hayas aprendido a confiar en ti mismo. La base de una familia sana debe ser la sinceridad, y los niños deben saber y sentir que pueden confiar en la experiencia, el conocimiento y en el comportamiento consistente de sus padres. Así podrán relajarse y desarrollarse como seres humanos.

Tras haber llegado hasta aquí, es probable que sientas alivio al haber conocido la dinámica insana de la comunicación distorsionada. También es posible que experimentes sensaciones dolorosas, tales como enojo, tristeza y traición.

En el próximo capítulo abordaremos las reglas explícitas y tácitas que generan confusión, traumas e inestabilidad en una familia dominada por un padre o madre narcisista. Al identificar y comprender estas reglas, podemos tomar decisiones acerca de cómo cambiar nuestras vidas y cómo criar a nuestros hijos en un entorno sano.

3

Reglas expresas y tácitas

Al crecer, mis hermanos y yo dábamos por sentado que no podíamos expresar nuestros sentimientos. Cuando estábamos tristes, nos decían que nos dejáramos de caras largas y, sin importar lo que pasara, debíamos fingir que todo iba bien. Tenemos infinidad de fotografías familiares en las que exhibimos nuestras sonrisas falsas, pero nuestras miradas son tristes y vacías. Es muy doloroso verlas.

Angie, cincuenta y cuatro años.

Existen reglas expresas y tácitas que gobiernan en las familias narcisistas y que son conocidas por todos sus miembros aunque nunca se hayan mencionado. Al regirse por estas exigencias, las personas no narcisistas suelen dejar de lado su propio buen juicio o sus necesidades y, como resultado, su desarrollo psicológico y emocional individual se ve reprimido.

En la familia de Angie, una de las reglas era «fingir que todo va bien». Reconocer las directivas insanas en el entorno narcisista de origen ayuda a comprenderlas y a avanzar hacia una vida emocional más sana. Cada familia tiene las propias, pero en este capítulo veremos cuatro temáticas frecuentes.

1. No demostrar los sentimientos verdaderos

Quienes han crecido en familias narcisistas quizás hayan aprendido que sus sentimientos no importan, ya sean buenos o malos.
Si estás triste o enfadado es demasiada molestia; si estás feliz o
emocionado, una amenaza. Recuerda: el narcisista no sabe controlar sus sentimientos y por eso suele proyectarlos hacia otros
miembros de la familia, tal como hemos discutido en el capítulo
anterior. Como consecuencia de acatar esta regla y solo expresar
las emociones del padre o madre narcisista, los hijos no tienen
permitido demostrar las propias y, por consiguiente, ser personas
plenas.

Amy, paciente de cuarenta y cinco años, me ha confiado una
historia acerca de una regla tácita de su madre, quien definía cómo
se sentía cada miembro de la familia en todo momento:

> *Mi madre llevaba las riendas. Mi padre, mi hermano y yo no*
> *podíamos contradecirla ni desobedecerla en ningún momento.*
> *Debíamos esforzarnos por mantener nuestros sentimientos*
> *bajo control. Siempre me he preguntado cómo mi padre lo ha*
> *podido tolerar toda su vida. En sus últimos años, tuvo una*
> *cirugía compleja de columna, por la que estuvo al borde de la*
> *muerte. Mientras lo acompañábamos en su habitación del hos-*
> *pital, los médicos le preguntaron cómo se sentía. Estaba fatal,*
> *por supuesto, pero en cuanto abrió la boca para responder, mi*
> *madre lo interrumpió para hacerlo por él. ¡Hasta que mi padre*
> *se giró hacia ella y le dijo que cerrara el pico! Nos impactó a*
> *todos. ¡Por fin se enfrentó a ella a pesar de estar en su lecho de*
> *muerte!*

Jill, de sesenta y ocho años, me ha dicho que no se atrevía a
fruncir el ceño en su casa de la infancia. Su padre narcisista no le
permitía demostrar sus emociones verdaderas y, algunas veces, imponía la regla con violencia:

Si mi padre entraba y me veía con el ceño fruncido, se acercaba, me abofeteaba y decía: «¡Pon una sonrisa y ese rostro bonito!». Luego enumeraba todas las cosas por las que debía estar agradecida y me llamaba egoísta.

La reacción violenta del padre de Jill refleja que se sentía amenazado. Se imaginaba que el gesto de su hija indicaba una falta suya como padre, en lugar de reconocer que es normal tener diferentes sentimientos sobre lo que sucede en nuestras vidas. Decirle a Jill que era egoísta por estar triste era una proyección de su propio egoísmo, un rasgo común del narcisismo.

Craig ha acudido a terapia por primera vez a los cuarenta y cuatro años con intención de sanar las secuelas de haber crecido en una familia narcisista. Declaró que su madre narcisista era la única que podía expresar sentimientos. Tras mucho tiempo de emociones reprimidas, Craig se ha convertido en un adulto incapaz de identificar lo que siente. Sabía que se sentía mal o incómodo, pero no lograba demostrar emociones específicas. Hemos dedicado varias semanas de terapia a ayudarlo a identificarlas y, cada vez que yo las validaba, él se sentía exultante. Repetía: «Por fin me siento visto y escuchado y puedo comenzar a verme y a escucharme a mí mismo». En un principio, su reacción era disculparse conmigo por sentirse triste, enfadado o atemorizado. Luego fue un alivio descubrir que eran emociones normales y sanas.

Las familias narcisistas pueden prohibir incluso sentimientos de emoción y alegría. ¿Por qué podría estar mal expresar emociones positivas? Porque si el narcisista no se siente de ese modo, el placer de sus hijos lo haría sentir inferior e incómodo; sus hijos romperían las reglas al opacarlo; tan solo expresando felicidad.

Elizabeth, de treinta y dos años, estaba contenta y emocionada porque se graduaría de su carrera de periodismo; esperaba convertirse en periodista de una cadena de noticias. Aunque sus padres fueron a la graduación y organizaron una fiesta en el parque con amigos de *ellos*, en el fondo, su madre no podía tolerar la emoción y el orgullo de Elizabeth. Durante una sesión, me ha contado lo siguiente:

> *Al principio me alegraba que mis padres reconocieran mi esfuerzo, asistieran a la graduación y ofrecieran una fiesta en mi honor. Sin embargo, enseguida me percaté de que los invitados no eran mis amigos, sino los de mis padres, y comprendí que lo hacían para alardear, pues mi éxito hablaba bien de ellos. Lo peor fue que, justo antes de que llegaran los invitados, mi madre me dijo: «Beth, no hables mucho sobre ti misma, tu título o tus planes, sonarás jactanciosa y me avergonzarás». Oír eso me rompió el corazón, porque, ¿cuál era el objetivo de la fiesta más que celebrarme a mí para variar? Recuerdo que me quedé poco tiempo y luego salí con mis amigos, pero el día para celebrar mi logro se había ido a pique. Quería que mis padres estuvieran felices por mí y me permitieran expresar mi felicidad, pero hicieron que estuviera triste un día en que debía estar alegre y orgullosa.*

Su madre narcisista se sentía demasiado amenazada y celosa de ella como para permitirle expresar alegría por sus logros. A pesar de que la madre tenía una carrera, que su hija se sacara un máster la hacía sentir insegura e insuficiente, y que Elizabeth estuviera tan feliz era aún peor. Fue por eso por lo que ha tenido que imponer su «regla»: que no la avergonzara alardeando ni mostrándose demasiado alegre.

2. Mantener la imagen de «familia perfecta»

Para una familia narcisista, la imagen que se da al mundo es más importante que quiénes son sus miembros o cómo se sienten. Todos conocen la importancia de mantener la imagen de «familia perfecta», por lo que deben demostrar siempre que «todo va bien». Sabemos que no existe la perfección, ya sea en la familia, en los padres o en la vida. Las personas y la vida cambian. ¿Conoces a alguien que no tenga que lidiar con sus propios problemas? Es parte del flujo de la existencia humana. Sin embargo, en una familia liderada por un narcisista, es muy importante dar una buena impresión, pues la apariencia perfecta sirve de fachada para las deficiencias del narcisista. Como podrás imaginar, o quizás ya habrás experimentado, fingir constantemente no es solo agotador, sino que se carga la autenticidad.

Fiona, de treinta y seis años, me ha compartido una historia acerca de la necesidad de su madre narcisista de mostrar una imagen perfecta para las visitas:

Mi madre no era una gran ama de casa y no le importaba demasiado que hubiera desorden, pero si venían amigos o familiares de visita, debíamos asegurarnos de que todo estuviera perfecto. Nos enviaba a limpiar las cerámicas de los baños con cepillos de dientes y debíamos trabajar hasta que ella estuviera satisfecha antes de que llegara alguien. Que Dios nos ayudara si una ventana no estaba reluciente. Hemos llegado a temer tener compañía y no nos sentíamos cómodos con la necesidad de que la casa estuviera perfecta. Como adulta, me gusta que la casa esté limpia y ordenada, pero no me molestaría recibir a un amigo si no se ve perfecta. Sin embargo, al parecer, para mi madre era la representación de su ego.

Una de las características de la personalidad narcisista son las fantasías de éxito y de poder ilimitados, de modo que exhibir una casa perfecta puede ser parte de ello. También tienen la necesidad de admiración excesiva y explotan a los demás para cubrir las exigencias propias.

Derek, paciente de cuarenta y ocho años, vivía en un enfrentamiento constante con su padre narcisista, quien insistía en que no hablara de sus peleas con nadie para transmitir la imagen de familia feliz:

Mi padre era malvado y abusivo y me decía cosas terribles. Nunca podía complacerlo. Sin embargo, si estaba molesto por alguna pelea antes de salir con mis amigos, me decía que mantuviera la boca cerrada y no le dijera a nadie que habíamos discutido. Supongo que creía que lo haría quedar mal. Así hemos aprendido a vivir en negación y a mantener en secreto la disfuncionalidad de nuestra familia.

El padre de Derek no quería que su hijo dijera la verdad acerca de lo mezquino que era; la vida privada debía permanecer de puertas hacia dentro. En público, Derek recibía un buen trato, pues su padre debía quedar bien.

Joni, de treinta y dos años, ha relatado una historia frecuente acerca de la diferencia entre lo que se comparte en redes sociales y la realidad. En su caso, las discusiones egocéntricas con su madre narcisista durante los días festivos eran invisibles en las fotografías sonrientes que hacía públicas:

¡Odio Facebook! Debo mantenerme lejos. Ya sea en una ocasión especial o un día festivo, nuestra familia tiene discusiones terribles, en general iniciadas por mi madre. Pero unos días después, publica fotografías de la reunión en Facebook en las que estamos reunidos a la mesa como una familia feliz. Me repugna.

Es una queja que oigo con frecuencia. Se presenta la imagen de la «familia feliz perfecta» en las redes sociales, cuando la realidad es que las personas de las fotografías no son para nada felices. El padre narcisista necesita alardear de esas imágenes falsas para asegurarse de que su comportamiento con la familia no tenga repercusiones negativas y de que todo esté bien.

Austin y Andrea, mellizos de veintiocho años, llegaron a terapia para elaborar y procesar juntos su crianza. En una sesión vía Zoom durante la pandemia de COVID-19 sucedió algo extraño; ambos solían parecer fuertes y sanos, pero ese día estaban pálidos y exhaustos. Supe que algo andaba mal y les pregunté si se encontraban bien. Los dos se miraron dudosos antes de responder:

Sabemos que es una tontería, pero ambos tenemos COVID, ¡y nuestros padres nos han dicho que nos quedemos en casa y no se lo contemos a nadie! Mi madre cree que el que nos hayamos contagiado viviendo en casa hace que ella quede mal y que parezca que nuestra familia no ha sido cuidadosa. Ni siquiera nos atrevemos a decírselo a otros familiares. Estamos seguros de que nuestra abuela, que es narcisista como nuestra madre, nos culpará en lugar de compadecerse y ayudarnos. Es un alivio contárselo al fin a alguien.

En este caso, incluso caer enfermo va en contra de las reglas narcisistas, ya que atenta contra la imagen de perfección y, por lo tanto, genera incomodidad.

Al narcisista le gusta ganar y ser el mejor, por eso desea que su familia parezca más perfecta que las demás. Aunque no es malo intentar ser lo mejor posible, sí es negativo no ser auténtico y obligar a los demás miembros de la familia a sostener la imagen de perfección para sentirse bien. El narcisista exige obediencia inmediata y suele vivir ajeno al impacto que genera en los demás. Es un ejemplo de falta de empatía.

3. Prioridad de las necesidades del padre sobre las de los hijos

En las familias sanas existe una jerarquía: los padres deben cuidar de los hijos, no al revés. En cambio, en las familias narcisistas, el foco se encuentra en las necesidades del narcisista y los hijos reciben aprobación si logran cumplirlas. En palabras de la doctora Nanette Gatrell «¡El narcisista siempre estará ahí cuando te necesite!» [3].

Mi paciente Stephanie, de cincuenta y nueve años, recuerda que su padre siempre era la prioridad:

Recuerdo que en el instituto me moría de ganas de unirme al equipo de natación. Nadaba hacía muchos años y creía que tenía muchas posibilidades de entrar, pero ser parte del equipo implicaba muchos entrenamientos y reuniones durante el verano a los que no se podía faltar. Sin embargo, mi padre insistió en que mi madre y yo lo acompañáramos a un viaje de negocios para que pudiera impresionar a un posible cliente. Podría haberme quedado con una amiga para seguir con mi entrenamiento, pero él no lo aceptó. «Que seas parte del equipo de natación no es gran cosa, que estés ahí para tu padre sí lo es. Fin de la discusión», me dijo. Sabía que no tenía sentido discutir, pues él tenía la última palabra. El hecho de que ser parte del equipo fuera lo más importante para mí a esa edad no tenía importancia para él.

La incapacidad del padre de Stephanie de apoyar su interés por la natación competitiva y la próxima historia acerca del desinterés de un padre en las dificultades académicas de su hijo parten del mismo problema: padres narcisistas que anteponen sus necesidades a las de sus hijos. Los padres sanos reconocen las necesidades de los niños y están abiertos a cubrirlas. Por ejemplo, si un niño tiene problemas en la escuela, el padre querrá investigar la causa, la ayuda que necesita el niño y cómo apoyarlo.

Ivan, a sus cincuenta años, relató que sacar malas notas en su infancia ha provocado una reacción diferente:

Estoy seguro de que mi padre era narcisista. Todo se trataba de él, incluso mis notas escolares. No me iba bien en primaria y recuerdo el día en que llevé mi primera nota baja. Mi padre no me ayudó consiguiéndome un tutor o algo así; en vez de eso, fui una gran vergüenza para él y tuve que hacer frente a un infierno. Me convertí en una carga. Su reacción inicial fue llamarme vago y

desobediente y decir que «solo buscaba atención». En verdad me
gustaba la escuela, solo necesitaba un poco de ayuda en Matemá-
ticas, pero esa no era una prioridad para él.

Es evidente que los insultos y castigos no son una buena respuesta a las necesidades académicas del niño, pero lo único que el
padre de Ivan podía ver era el impacto negativo que las notas de su
hijo tenían para él. En consecuencia, la rabia ocupó el lugar de hacer
lo correcto para ayudar a su hijo.

En ocasiones, un padre narcisista que prioriza sus necesidades
delega responsabilidades inapropiadas a sus hijos. Es el caso de la
infancia de Bonnie, cuya madre tenía un historial de ansiedad y depresión, pero en lugar de afrontarlo acudiendo a un profesional, ponía en su hija la responsabilidad de mantener la imagen familiar.

Mientras procesaba la relación con su madre en terapia a los
cincuenta y cuatro años, me dijo:

No tuve una infancia normal, fue como si siempre hubiera sido la
sirviente de mi madre a escondidas. Si ella invitaba a amigas a
almorzar, para una reunión benéfica o jugar a las cartas, yo debía
cocinar, servir y luego limpiar. Ella no podía hacerlo, así que me
ha inculcado que era importante que sus invitados se sintieran
bienvenidos. Nunca ha mostrado interés por saber si había otra
cosa que me hubiera gustado hacer, como estar con mis propias
amigas, y yo no tenía suficiente confianza como para oponerme a
ella. Supongo que he adoptado su idea de que ser buena hija im-
plicaba priorizar los deseos de mis padres por encima de los míos.
Ahora me provoca rabia, pero en ese momento lo hacía sin cues-
tionamientos.

Cada una de estas historias son ejemplos de necesidades básicas
insatisfechas. Es triste que, en estos casos, los niños aprendan a temprana edad que deben servir a sus padres, cuyas necesidades se convierten en un objetivo variable que deben alcanzar. Sin embargo,

dado que el objetivo suele ser impredecible, cumplirlo se vuelve imposible y, en consecuencia, el niño se siente un fracaso. Esta es otra de las razones por las que la idea de «no ser suficiente» está tan grabada a fuego en los hijos adultos de padres narcisistas.

4. Los hijos no pueden poner límites ni tener privacidad

La familia narcisista suele carecer de límites en las relaciones interpersonales y en el espacio privado. Los niños son objetos más que personas con necesidades propias, y es el narcisista, cuyas necesidades son prioridad máxima, quien determina los límites vigentes.

Todos tenemos la necesidad sana de poner límites a nuestro espacio físico y emocional y a nuestras pertenencias. Piensa en tu hogar actual, si vives con otras personas, seguro que puedes identificar con facilidad lo que es tuyo. Tu ropa, tus libros, tu cama, tu comida y, en ocasiones, hasta tu propia silla en la mesa. También establecemos límites con nuestros cuerpos; decidimos quién y cuándo nos toca o cuán cerca de nuestro rostro puede estar quien nos habla. También tenemos pensamientos y escritos privados, tales como mensajes de texto, correos electrónicos o diarios. Al crecer en una familia narcisista, el padre o madre no respeta tales límites y suele avasallarlos, en especial si sirve a sus objetivos.

Varios pacientes con los que he trabajado a lo largo de los años han sufrido abusos sexuales por parte de su padre o madre narcisista. En estos casos, la carencia extrema de límites es evidente. La necesidad del abusador, falto de empatía, precede a la de la víctima. En otras palabras, la víctima, aunque sea hijo del perpetrador, se convierte en un objeto para gratificar al abusador. Muchos de mis pacientes han declarado que sus abusadores no han dicho nada antes ni durante el abuso y que ellos, víctimas, se han quedado congelados o han disociado durante el proceso. También he oído que el narcisista los ha manipulado racionalizando el abuso. Por ejemplo, una excusa frecuente es que el abusador le diga a su hija que desea enseñarle cómo complacer a un hombre para que pueda tener relaciones fructíferas en el futuro. Es triste cómo las víctimas de incesto suelen culparse a sí mismas por la culpa que sienten. Existen muchos libros y programas para víctimas de abuso, puedes encontrar una selección en el apartado de «Lecturas recomendadas» al final de este libro.

Pero los padres narcisistas pueden violar otros límites fundamentales. Jim, de cincuenta y cinco años, me ha contado que mientras crecía, no tenía privacidad para ir al baño, ni siquiera cuando llegó a la adolescencia. Sus padres entraban y salían a su antojo mientras él se bañaba o hacía sus necesidades. La puerta no tenía cerrojo, y cuando por fin les pidió a sus padres que instalaran uno, se burlaron de él por ser demasiado «recto». Sin lugar a dudas, mientras que ellos se sintieran cómodos, poco les importaba cómo afectaba la falta de límites a su hijo.

Monique, paciente de cuarenta y seis años, tiene una historia similar acerca de la falta de límites y privacidad. Siempre que su madre narcisista estuviera cómoda, lo demás no tenía importancia:

Vivíamos en una casa pequeña y mi madre guardaba algunas de sus prendas en mi armario. No me molestaba compartirlo, pero, cada vez que necesitaba algo, entraba sin avisar y dejaba la puerta abierta al salir. A veces estaba en ropa interior cambiándome y mis hermanos y mi padre podían verme. Cuando le decía que llamara, se reía de mí por ser demasiado tímida y reservada. «¡No es para tanto, Monique!», me decía. Pero para mí sí lo era. Tenía que tolerar su modo de hacer las cosas y mi falta de privacidad.

Como muchos pacientes han declarado, despojar al niño de privacidad es, en ocasiones, una forma de castigo. Los padres retiran las puertas de las habitaciones a modo de reprimenda por un mal comportamiento, con lo que dejan a los niños sin un lugar donde vestirse o dormir en privado.

Con frecuencia, la incapacidad del narcisista de ver a sus hijos como personas independientes de ellos se refleja en su reticencia a que el niño tenga su propio espacio (y sus propios pensamientos). Creen tener el derecho a saber todo lo que el niño hace y piensa, pues es una extensión de sí mismos.

Trisha, a los sesenta y seis años, me ha hablado de la falta de privacidad de sus diarios:

Cuando crecía, me solía encantar escribir diarios. Era un momento especial para procesar mis sentimientos y lo que sucedía en mi mundo. Un día, cuando llegué de la escuela, descubrí que mi madre había encontrado cinco diarios en un escondite y que no solo estaba leyéndolos, sino que estaba copiando algunas de las cosas que había escrito en ellos. Me sentí vulnerada, pero cuando la confronté, me dijo «Eres mi hija y tengo derecho a saber qué te pasa». Después de ese día, nunca volví a escribir un diario.

Los pensamientos escritos en un diario no son lo único que un niño puede desear mantener en privado o mostrarlo solo a sus confidentes. Larry ha aprendido desde niño a no compartir información personal con su madre. La mujer creía tener el derecho a contarles a otros miembros de la familia todo lo que él le dijera. Esta situación ha generado que Larry sintiera que su privacidad no era respetada. Se sentía traicionado.

Le contaba algo sobre la escuela o algo que mi novia me había dicho y, antes de que me diera cuenta, toda la familia lo sabía. Mi madre me escuchaba como si fuera algo entre los dos, pero en poco tiempo todos sabían lo que habíamos conversado en privado. Así aprendí a no compartirle nada que no quisiera contarle al resto de la familia.

La falta de límites también puede extenderse a las posesiones de los hijos. Al llegar a la adolescencia, Ciara se vio obligada a compartir las joyas con su madre narcisista, que daba por sentado que todo lo que fuera de Ciara también era suyo. A sus cuarenta y tres años, me ha dicho:

Cuando tuve edad de ganar mi propio dinero, me encantaba comprar pendientes y brazaletes a la moda. Por desgracia, el gusto de mi madre era similar al mío, así que, a pesar de que los había comprado yo misma, tomaba mis pendientes nuevos cuando le venía en gana. Cuando no los encontraba en mi joyero, estaban en el cajón de mi madre, en su tocador... o colgando de sus orejas. Nunca ha considerado necesario pedírmelos. Cuando mencioné haber ganado el dinero para comprarlos, dijo que si ella no hubiera hablado en mi favor, no hubiera conseguido el trabajo a media jornada.

Otra forma de narcisismo puede incluir despojar a los hijos de sus creencias. Cuando un padre quiere imponer sus propias creencias sobre las de sus hijos, aniquilan la capacidad del niño de pensar, analizar y descubrir respuestas por sí mismo. Carol, de cincuenta y cinco años, ha declarado que en su familia «no tenías derecho a tus propias creencias en ningún aspecto»:

Mis padres eran católicos acérrimos y muy autoritarios. Sus ideas políticas también eran firmes. En la familia no existían límites en el sistema de creencias: debíamos creer lo mismo que ellos o hacer frente a vergüenza, humillaciones y sermones. Escuchar que estaba equivocada e iría al infierno no era agradable, así que he aprendido a no expresar nada contrario a sus ideas. Siendo adulta, me ha tomado mucho tiempo formar mi propio sistema de creencias al tiempo que trabajaba en mi recuperación.

Aunque parezca triste, en una familia narcisista, ni siquiera los pensamientos son privados. El narcisista también cree ser dueño de ellos.

Un resultado común de las experiencias de los niños obligados a seguir estas reglas expresas y tácitas es que, con frecuencia, han sufrido en soledad. Al crecer obligados a esconder sus sentimientos verdaderos, a sostener la imagen de «familia perfecta», a aceptar que las necesidades del padre o madre son prioritarias y a permitir que violen sus límites físicos y mentales, el niño acaba por sentirse solo y confundido. ¿A quién recurrirá para hablar de sus emociones en conflicto? ¿Cómo desarrollará una identidad fuerte si el narcisista ha desalentado y faltado el respeto a su individualidad?

Continuemos...

En este capítulo hemos analizado algunas de las reglas insanas impuestas en una familia dominada por un padre o madre narcisista. Ocultar los sentimientos, promover la falsa imagen de familia perfecta, aceptar que las necesidades del padre son más importantes o carecer de privacidad y límites sanos son aspectos que pueden causar daños psicológicos en los niños, como hemos visto en los casos abordados aquí.

Como veremos en «Tercera parte: Sanar y liberarse», es posible aprender a confiar, a ser auténticos, a establecer límites sanos y a dejar de seguir reglas dañinas aprendidas en la familia de origen y así comenzar con la recuperación.

En el próximo capítulo hablaremos de los hermanos y del papel que cumplen los diferentes miembros del sistema familiar narcisista.

4

Reparto

Nunca entendí por qué mis hermanos y yo no somos cercanos como adultos. Veo que otras familias van juntas de vacaciones y se reúnen para fiestas y celebraciones. Nosotros aprendimos a ser competitivos y celosos unos con otros en lugar de apoyarnos y querernos. Es una pérdida enorme para todos. Incluso si muere un familiar, nos enteramos por un mensaje de texto y lo lloramos en soledad.

Dale, cincuenta y cuatro años.

Al igual que en la familia de un alcohólico, los miembros de una familia narcisista desarrollan papeles determinados, a los que podemos imaginar como el reparto de una película en la que el narcisista tiene el papel principal.

En la mayoría de los casos, la pareja del narcisista es la facilitadora, mientras que los hijos adoptan sin saberlo los papeles del «favorito», «chivo expiatorio» o «niño perdido». En otras palabras, un hijo es favorecido, otro es el maltratado o con quien se meten los demás y otro resulta ignorado. Cada uno de estos papeles responde a las necesidades del narcisista.

Estos papeles pueden cambiar durante la vida de los niños. Por ejemplo, el chivo expiatorio puede convertirse en el favorito en algún momento, y viceversa. Eso dependerá de lo que el padre necesite de ese hijo en ese momento determinado. En el sistema disfuncional, la división de roles desalienta la intimidad y los lazos verdaderos, en especial entre los hermanos. El resultado de esta dinámica puede ser el distanciamiento permanente de las personas que podrían brindarnos más apoyo en la vida, es decir, los hermanos y hermanas.

Al iniciar la terapia, muchos de mis pacientes no reconocen su papel en el sistema familiar. A algunos de ellos les resulta difícil recordar cómo interactuaban con su familia porque han tenido que fingir que todo iba bien durante demasiado tiempo. ¿Recuerdas la regla de «mantener la imagen de familia perfecta»? Los psicoterapeutas Stephanie Donaldson-Pressman y Rober Pressman escriben en su libro: «La familia narcisista suele asemejarse a la manzana roja radiante con un gusano dentro: parece perfecta hasta que la muerdes y descubres el gusano en su interior. Puede que el resto esté intacto, pero has perdido el apetito» [4].

Aunque algunos de los papeles son similares a los de una familia alcohólica, las familias narcisistas no suelen incluir al «niño mascota» o «payaso», cuya tarea es la de aliviar la tensión con bromas u ocurrencias. Es posible que esto se deba a que el narcisista se sentiría demasiado amenazado por la atención que recibiría un niño divertido. En estas familias, si un hijo intentara usar el humor para alivianar los ánimos, de seguro sería avergonzado o humillado por llamar demasiado la atención y, probablemente, reprimiría sus emociones. Solo el narcisista puede tener cualquier clase de poder en la familia.

Es importante destacar que muchas personas crecen en familias alcohólicas y narcisistas, por lo que experimentan doble disfuncionalidad. Las drogas y el alcohol generan más caos y potencian los rasgos narcisistas.

A medida que describamos los papeles de los miembros de una familia narcisista (facilitador, favorito, chivo expiatorio y niño perdido), es posible que te identifiques a ti o a tus hermanos en uno o más papeles.

El facilitador

En la mayoría de los casos, el facilitador es la pareja del narcisista, pero también puede ser uno de los hijos. Aunque todos orbitan alrededor del narcisista, el facilitador es quien más lo hace; lo cuida, lo excusa e intenta justificar su comportamiento. Suelen ser identificados como codependientes, es decir, que cuidan de los demás hasta el punto de descuidarse a sí mismos. En la familia hacen lo necesario para apaciguar al narcisista y mantener la paz. En general, son personas con problemas de autoestima, lo que facilita que el narcisista las convenza de que es más importante que ellas. Las atrae con su carisma y manipulación hasta que creen en su relato de grandiosidad y piensan que no pueden vivir sin él o ella. El narcisista querrá que el otro lo vea como rey o reina del imperio imaginario.

También hay facilitadores conscientes de las debilidades y del ego frágil del narcisista, pero tienen la idea errónea de que podrán arreglarlo o sanarlo si lo aman lo suficiente o se esfuerzan lo suficiente para complacerlo. Por desgracia, cuando más se esfuerzan, más se desaniman, pues jamás se puede tener suficiente comprensión o empatía para cambiar el comportamiento de un narcisista. Cuando la pareja o el padre narcisista continúa sin ponerse en sintonía con estos esfuerzos, el facilitador acaba por sentirse un fracaso, carente de amor y de reconocimiento.

He visto a muchos facilitadores llegar a la triste conclusión de que, mientras pensaban que podrían «arreglar» a sus parejas y ser amados, su amor nunca había sido recíproco.

Renee me ha contado cómo ve a sus cincuenta y dos años la relación con su exesposo narcisista:

> *Solía apoyar a mi esposo cuando era muy demandante con nuestro hijo. Se negaba a escuchar la perspectiva de nuestro hijo, y me ha costado mucho comprender que siempre existía un solo lado de la historia: el suyo. Todo era a su manera, siempre. En un principio, pensaba que su resistencia a empatizar era una forma de fortalecer*

*al niño, así que lo apoyaba y alentaba, aun cuando sabía que esta-
ba mal, con esperanzas de que me apreciara. Me siento tonta y
avergonzada de no haberlo visto. Lo amaba y de verdad creía que
funcionaría al final. En mi mente, yo era la «salvadora», la que lo
arreglaría con amor y aceptación. Ahora puedo ver que no es capaz
de amar.*

Brandon, paciente de cuarenta y dos años, recordó cómo se había
sentido cautivado por el encanto de su esposa y cómo la llenaba de
atención y admiración hasta que ella comenzó a resentir la atención
que él le brindaba a su hija pequeña:

*Creí haber conocido a la mujer de mis sueños. Era hermosa, lista,
interesante y muy encantadora. Todos los que la conocían, en un
principio, la amaban también. Tenía una actitud confiada y un
estilo imponente. ¡Deseaba cuidarla, protegerla y tener hijos con
ella! Cuando salíamos y toda la atención era para ella, estábamos
bien, todo era increíble. Pero supe que algo andaba mal cuando
tuvimos a nuestra hija y, de pronto, la atención era para la bebé
y no para ella. Noté de inmediato el resentimiento que sentía;
cuanto más atención y afecto le brindaba a nuestra hija, más problemas tenía nuestro matrimonio. No lo comprendía. Odio decirlo, pero parecía celosa de su propia hija. No alentaba mi relación
con la niña, ni entonces ni ahora, algo que nos ha impactado a
ambos.*

Tarde o temprano, estos facilitadores han descubierto que habían cometido un error al involucrarse con un narcisista, pero hay
otros que siguen tolerándolo a pesar de las consecuencias que genera en sus hijos.

En el caso de Connie, ella y sus hermanos se indignaron en la
fiesta por el quincuagésimo aniversario de sus padres. Aunque su
padre narcisista y madre facilitadora dieron un gran espectáculo,
ellos sabían la verdad detrás de la fachada:

Mi hermano me llamó para proponer que diéramos una fiesta para el aniversario de nuestros padres. Aunque no me encantaba la idea, decidí apoyarlo. Nuestros padres tenían un matrimonio muy disfuncional e infeliz, lleno de peleas y algo de violencia. Mi madre siempre ha intentado apaciguar a mi padre durante sus arrebatos de dominación y maltrato, pero a veces se quebraba cuando no podía soportarlo. Los tres hermanos hemos aprendido a sostener la mentira de que todo iba bien, pero sabíamos la verdad. ¿Y teníamos que dar una celebración falsa? ¿Para celebrar qué? Fue una de las cosas más difíciles que he hecho. Ofrecer la fiesta, oír sus falsas declaraciones de amor y ver a todos los invitados creyéndose la imagen de familia perfecta. Al final, me sentí como un fraude.

La historia de Cameron, de treinta y siete años, dejó en evidencia que su padre era un narcisista y que su madre era una facilitadora:

Sabía que mi padre estaba jodido, que tenía algún problema. Era malvado, abusivo, irascible y nunca era realmente feliz. Sin importar lo que hiciéramos, no podíamos complacerlo. Pero yo estaba enfadado con mi madre: ¿por qué no nos protegía? Era como si pensara que lo que nos hacía estaba bien y lo justificara. Nunca lo enfrentó ni nos protegió… jamás. Aunque quisiera confrontarla, parte de mí también siente pena por ella. Pero, hablando en serio, si tienes un padre abusivo y la madre no hace nada… ¿Eso la hace abusiva también?

Mi respuesta a su pregunta sería «sí». No podemos tolerar ninguna clase de abuso infantil, jamás. Así de simple.

¿Alguno de tus padres ha tenido el papel de facilitador al apoyar al narcisista? ¿Ha provocado que resintieras o desconfiaras del padre facilitador? ¿Comprendes por qué el facilitador sigue la corriente del narcisista (para evitar conflictos y luchas de poder y para mantener el caos al mínimo)? ¿Tiendes a ocupar el papel de facilitador en tus relaciones? Profundizar en la dinámica disfuncional de tu familia te ayudará a afrontar la recuperación.

El chivo expiatorio

Para comprender mejor el papel del chivo expiatorio, debemos repasar algunas de las reglas de la familia narcisista. El padre narcisista no se hace responsable de sus actos, no reconoce sus propios sentimientos, por tanto, los proyecta en los demás, suele envidiar la fuerza de los demás y sentirse amenazado por la verdad.

Cuando el narcisista proyecta sus sentimientos de inseguridad, autodesprecio y autocrítica en un miembro de la familia, el chivo expiatorio suele ser la víctima principal. Es acosado y menospreciado por el padre narcisista y no muy apreciado por los hermanos, por lo que, con frecuencia, se siente como la «oveja negra» de la familia.

Es posible que el chivo expiatorio sea el rebelde de la familia, el pensador más crítico, el más independiente o el que señale la verdad del comportamiento narcisista cuando lo atestigua. Suele ser el primero en enfrentar la necesidad de control y la narrativa incoherente del narcisista, también sus reglas familiares. Por ejemplo, podría llegar a decirle a su madre, «Dices que me amas, pero no actúas como si lo hicieras» o «Debemos fingir que todo está bien frente a la abuela, pero acabamos de pasar por la Tercera Guerra Mundial, ¿cómo podría actuar como si no tuviera sentimientos?».

Penosamente, los demás miembros de la familia también llegan a tomar al niño como chivo expiatorio, con lo que se convierten en facilitadores del narcisista y se suman a la victimización del niño elegido. Al crecer, quizás sean conscientes de que han utilizado a su hermano o hermana como chivo expiatorio, pero en la infancia tan solo han seguido el ejemplo del padre o madre narcisista.

Este niño, en general, es quien carga la vergüenza por la familia entera y cree ser la mala persona. En palabras de una paciente: «Mi hermana y mis padres me han dicho que todo era mi culpa durante tanto tiempo que supongo que lo interioricé. Lo creí».

A Merrilee, paciente de treinta y cinco años, la han culpado por todo lo malo que sucedía en su familia, mientras que su hermana, la niña favorita, siempre se salía con la suya con su madre narcisista. Durante una sesión, me ha contado:

Era mi madre quien me tomaba como chivo expiatorio en mayor medida, pero mi hermana Kat seguía su ejemplo. Hacía travesuras, me culpaba a mí y nuestra madre siempre creía en ella, así que era yo quien se metía en problemas. Sucedía con mucha frecuencia, pero una historia de la escuela primaria se me ha grabado en la memoria. Mi madre nos recogió de la escuela, y Kat tenía una bolsa de dulces que comía en secreto y luego escondía los envoltorios debajo del asiento. Mi madre no lo notó hasta más tarde, cuando buscó algo en el asiento trasero y encontró los papeles escondidos. Preguntó quién lo había hecho y Kat respondió de inmediato que había sido yo. Aunque lo negué, creyó en Kat y no solo me ordenó que recogiera los papeles, sino que limpiara todo el interior del coche. Recuerdo haberme sentido triste, molesta y confundida por el trato de ambas. Por desgracia, aún hasta el día de hoy, Kat y yo no hemos logrado ser cercanas.

Patrick, de cuarenta y cinco años, era chivo expiatorio de su padre narcisista y aún siente la vergüenza que le han generado por lo que en realidad era una proyección del comportamiento de su padre:

Ahora que soy adulto veo que en realidad fui un chico bueno, que siempre intentaba enorgullecer a mi padre. Me esforcé mucho, pero nunca funcionó. Si él tenía un problema, de algún modo me cargaba con la culpa durante toda la semana. Eso es difícil de olvidar. Aún siento que cargo un saco lleno de balones en la espalda, cada uno cargado de pena. ¡Pero no es mía!

¿Recuerdas el antiguo poema acerca de la pequeña con un rizo en medio de la frente: «…y cuando era buena, era muy, muy buena. Y cuando era mala, era horrible»? Para el chivo expiatorio, sería algo así: «Había una niña con un rizo en medio de la frente. Y cuando era buena, la criticaban de todas formas» [5].

Lo más interesante es que el niño chivo expiatorio tiende a ser el más sano de la familia, pues señala la verdad antes que los demás. Tiende a ser el primero en romper con los patrones disfuncionales y a ser quien trabaja para terminar con el legado narcisista en su adultez.

¿Has sido el hijo más acosado o culpado por los problemas familiares? Quizás aún suceda en la adultez y te preguntes «¿por qué yo?». El camino de recuperación implicará dejar de aceptar ese papel y aprender a validarte y defenderte.

El «favorito»

Parecerá que ser el «favorito» debe de ser fantástico, pero es un papel que conlleva sus propias dificultades. El padre narcisista proyecta sus sentimientos negativos en el chivo expiatorio y en otros miembros de la familia y su imagen ideal de sí mismos en el chico favorito. Como resultado, este niño es el más absorbido por el narcisista y esa relación le dificulta cortar el lazo e individualizarse, ya que implicaría renunciar a la atención y admiración del padre o madre. Al querer conservar la imagen proyectada de ser excepcional, suele resultarle difícil crear una identidad auténtica.

En la familia, el favorito es favorecido y los hermanos son comparados con él. Por ejemplo, el padre narcisista diría: «¿Por qué no puedes tener buenas notas como tu hermana?», «Tu hermano ya gana su propio dinero, deberías preguntarle cuál es su secreto» o «Tu hermana y su familia respetan la Biblia y son buenos cristianos, ¿qué ha pasado contigo?».

Seguir los pasos académicos del narcisista o compartir otros intereses potencia la conexión entre padre e hijo. En general, un padre o madre narcisista solo se involucra con su hijo o hija si los intereses del niño coinciden con los suyos. Por ejemplo, si le gusta el fútbol, pero no la música, es más probable que asista a un partido de fútbol de su hijo que a un concierto de piano. También es más probable que lo lleve a las prácticas de un deporte o actividad si es que le gusta.

Los favoritos relatan emociones contradictorias respecto al trato preferencial por parte del padre narcisista. Algunos se vuelven petulantes y altaneros y esperan recibir un trato preferencial también fuera de la familia. Sin embargo, al salir al mundo real, es posible que esa actitud les juegue en contra y eso los confunda e irrite, pues ya no gozan de los privilegios de la familia de origen. Luego, si no comprenden la dinámica familiar y no trabajan en su recuperación, es posible que también se conviertan en narcisistas. En otros casos, los favoritos se sienten culpables por haber sido favorecidos por el padre narcisista, conscientes de que era injusto. Pero, quizás, una de las consecuencias más negativas es la necesidad de ser perfectos para estar a la altura de la imagen proyectada por el narcisista. El perfeccionismo se convierte en una carga pesada de por vida.

Es frecuente que el favorito haga referencia al síndrome del impostor o a sentirse como un fraude, pues a pesar de haber sido idealizados y de haber escuchado que eran fantásticos, en el fondo saben que no son mejores que los demás. La disparidad entre el trato idealizado y su consciencia de la realidad puede resultar en autosabotaje en la adultez.

Dos pacientes, Wesley, de cincuenta y siete años, y Kathryn, de sesenta y seis, han relatado sus experiencias como favoritos de sus padres narcisistas. La historia de Wesley:

Sabía que era el favorito de mi madre. Me adoraba y pensaba que no podía hacer nada malo, pero siempre encontraba defectos en mis hermanos. Mientras crecíamos, sentí que sería el más exitoso de todos. ¡Qué equivocado estuve! Me he autosaboteado con drogas y alcohol durante toda mi vida para intentar acallar mi baja autoestima y falta de éxito. Ahora que estoy limpio y comienzo a comprenderlo, me entristece muchísimo.

Palabras de Kathryn:

Sabía que tenía un trato de favor respecto a mis hermanos. Tenía buena ética laboral, ayudaba a mi madre en todo, era buena estudiante e iba a toda clase de actividades extracurriculares que a ella le gustaban. Ella era profesora de música y yo también era muy buena música. Así que... cuando a los dieciocho años les dije a mis padres que estaba embarazada, mi madre perdió la razón. Había sido virgen hasta entonces. Mi padre pareció tomárselo bastante bien, pero ella se cubrió el rostro y dijo: «Hubiera confiado en ti con cualquier hombre en cualquier circunstancia». No fue agradable y nunca me ha permitido superarlo. La había decepcionado, yo, su hija perfecta. Luego comenzó a despotricar acerca de lo que le diría a la familia, a los vecinos, a sus amigos. Todo se centró en ella, por supuesto. Cielos, nunca necesité tanto apoyo como en aquella época.

Anabelle, de treinta y un años, era la favorita entre sus cuatro hermanos. En terapia, hemos hablado mucho sobre lo difícil que le ha sido liberarse de su padre absorbente:

Estaba muy confundida. Quería complacer y enorgullecer a mi padre, pero aprendí que no coincidía con todo lo que él predicaba y creía. Aunque disfrutaba de su atención, era demasiado para mí y no podría crecer con la obligación de consultarlo todo con él. Sentía que seguía siendo una niña. Con el tiempo, he tomado consciencia de que él no me conocía en realidad, solo conocía mi versión complaciente especial para él.

Muchos favoritos registran dificultades para individualizarse, es decir, separarse de la familia de origen, en particular del padre narcisista que los sofoca y los ha definido como individuos. A pesar de que pareciera que estos hijos serían los más cercanos a su padre o madre, el narcisista no sabe cómo acercarse emocionalmente y alinearse con sus hijos, de modo que resulta como si los asfixiara y se distanciara al mismo tiempo.

La carga de los favoritos es comprensible. Por más que su papel idealizado sea bien visto a ojos de los hermanos y otras personas, conlleva una desventaja emocional difícil de superar.

¿Has notado que eras el hijo favorecido de la familia? Puede que te sientas culpable de haber ocupado ese papel de forma involuntaria, pero te aseguro que no ha sido tu culpa.

El niño perdido

Aunque todos los hijos de familias narcisistas son víctimas de descuido emocional, el niño perdido lo sufre de forma particular y dolorosa. Quienes cubren este papel evitan conflictos a toda costa y se fusionan con el entorno para no atraer atención hacia ellos, buena o mala. Al retraerse, muchos desarrollan la creatividad y se vuelcan al arte, la escritura, la música o alguna pasión propia. Declaran haber sido ignorados, pero desear ser invisibles, pues es un mecanismo de defensa para sobrevivir al caos de la familia narcisista.

Landon, paciente de cuarenta y dos años, se abstrajo de su padre narcisista escandaloso y se concentró en crear arte. Cuando era niño, pasaba mucho tiempo a solas en su habitación dibujando y pintando. Como adulto, a pesar de haberse convertido en un animador exitoso, su historia como hijo perdido de un padre narcisista ha dejado huellas. En sus palabras:

Mi vida se centra en mi trabajo y en mi arte. No tengo novia, tengo pocos amigos, una vida social muy tranquila y me siento terriblemente solo. No sé cómo conectarme con otras personas si no es a través del arte. Mi hermano y hermana interactúan, pero más que nada para pelearse y causar problemas. Mis padres siguen igual, con su disfuncionalidad glorificada. Y yo me mantengo al margen. Cuando intentan involucrarme en las peleas familiares, guardo silencio y digo que no sé nada. Somos familia, pero no una familia de verdad. No compartimos una conexión emocional. Aunque estoy acostumbrado a que así sea, siento que es una pérdida enorme para mí.

Dado que los hijos perdidos suelen reconocer haberse desconectado de sus emociones siendo niños, su mayor desafío en terapia como adultos es reconectarse con sus sentimientos y sentirlos de verdad. Al haber aprendido a bloquear sus emociones y deseos, les resulta difícil expresar lo que quieren o necesitan y poder hacerlo es su objetivo y su desafío.

Paula, de cincuenta y cinco años, explica cómo experimentó el papel de niña perdida:

En mi infancia, fui invisible en mi familia, como si no tuviera voz, mientras que mi hermana, la revoltosa, y mi hermano, el favorito tenían voces fuertes. Ambos recibían mucha atención, buena o mala. Lo extraño es que el papel ha continuado en mi vida adulta. En el trabajo, nadie pide mi opinión; en mi matrimonio, no es relevante. Mis hijos siempre recurren a su padre. En reuniones sociales, nunca consultan lo que pienso sobre ningún asunto. Sé que es un problema mío, que así fui criada, pero es muy difícil cambiar, ser asertiva y expresarme cuando es importante. Resulta muy extraño estar entre un grupo de personas que hablan entre sí, pero nunca conmigo cuando estoy allí también. A veces, quisiera levantar la mano y decir, «¡Hola, estoy aquí!».

Jamie, de cincuenta y cinco años, y Kim, de cincuenta, se encuentran cuidando de su padre anciano. A pesar de no haber tenido una buena relación en la infancia, se esfuerzan por cooperar en las tareas de cuidado. Al crecer, Kim era la hija dorada, mientras que Jamie era la hija perdida y, al parecer, los papeles no han cambiado a los ojos de su padre. Jamie ha relatado algunas interacciones recientes entre los tres:

Cuando éramos pequeñas, nos sentábamos con mi padre a la mesa o frente al televisor y él centraba toda la atención en Kim. Le preguntaba su opinión acerca del equipo deportivo que seguían o del programa que estuvieran mirando, y ella siempre coincidía con él, por supuesto. Después de tantos años, nada ha cambiado, mi padre siempre se dirige a Kim. Me ignora aunque esté hablando de algo que he hecho por él ese mismo día. Le da las gracias a ella, no a mí. ¡Es como si no estuviera allí! Si intervengo y le digo que yo lo hice, responde: «Déjame preguntárselo a tu hermana». No puedo ganar. En el fondo, esperaba que me notara por toda la ayuda que le brindaba, pero no ha cambiado.

¿Reconoces haber sido el hijo perdido y sentirte invisible aún como adulto? ¿Te resulta difícil tener voz propia? Los niños perdidos deben trabajar en terapia para superar el aislamiento, aprender a ser asertivos y alzar la voz. Desaprender el hábito de aislarse y ser invisible no es fácil, pero, por fortuna, es posible llevar una vida empoderada al encontrar la voz y aprender a expresarse.

¿Cómo afecta la dinámica narcisista la relación entre hermanos?

Ninguno de los papeles en el reparto de la familia narcisista es sano; todos tienen sus propias cargas. Los roles que hemos abordado no son estáticos, podrían ser difusos y cambiar con el tiempo. Algunas personas declaran haber ocupado distintos papeles durante la infancia. Dicho esto, cada uno de estos papeles provoca secuelas psicológicas que suelen requerir terapia; en «Tercera parte: Sanar y liberarse», abordaremos las opciones de terapia posibles. Pero ahora veremos lo que puede suceder con el tiempo en las relaciones de hermanos criados en familias narcisistas.

Aunque en las familias sanas se considere normal cierta rivalidad entre hermanos, en las familias narcisistas la rivalidad se potencia y es mucho más dañina. Dado que el narcisista necesita tener el control, debilita los lazos entre los demás miembros de la familia para conservarlo. Mientras que los padres sanos desean que sus hijos sean cercanos, confíen unos en otros y se respeten, a los narcisistas no les preocupa que tengan buena relación entre sí, pues solo les importa que la lealtad y la atención se centren en ellos mismos.

Los niños de familias narcisistas son afortunados si tienen, al menos, un hermano cercano; alguien capaz de validar la experiencia dura de vivir en un entorno familiar enfermo. Sin embargo, lo más frecuente es que los hermanos no sean cercanos, pues no han aprendido intimidad emocional ni a tener relaciones sanas. Más bien, han aprendido a enfrentarse unos con otros, a competir y a compararse. Como el narcisista exige que toda la atención familiar se centre en él, la cercanía entre hermanos resulta una amenaza. En consecuencia, muchos adultos tienen dificultades para crear vínculos positivos con hermanos de los que se han distanciado, y el desafío puede ser doloroso.

La desconexión entre hermanos puede tener muchas causas. Es posible que perdure el resentimiento hacia el favorito por el favoritismo del padre narcisista. Los hermanos pueden continuar victimizando al chivo expiatorio si sigue diciendo la verdad acerca de la dinámica familiar y ellos sienten que amenaza la imagen de familia perfecta. Y el niño perdido, que se sentía aislado e invisible, podría seguir sin saber cómo conectar con sus hermanos aunque lo desee. En caso de que el padre o madre narcisista siga con vida, es posible que continúe generando conflictos entre los hijos adultos y evitando que se acerquen.

Existen otros problemas que podrían perdurar. Es frecuente que entre hermanos que han aprendido a competir entre sí surjan celos respecto a la profesión, los hijos, el dinero, la apariencia, la pareja, la casa u otros aspectos. Y, si uno o más hijos también resultan ser narcisistas, podrían imitar el abuso hacia los demás.

Jackie, paciente de cincuenta y ocho años, anhelaba tener una relación positiva con su hermana Monica. Cuando eran niñas, su madre facilitadora y su padre narcisista las ponían una contra otra. Mientras que Monica era la favorita, Jackie, la mayor, era el chivo expiatorio. Era muy lista, bastante independiente y, aunque no siempre seguía las reglas, tenía éxito en casi todo lo que hiciera. Esto representaba una amenaza para los padres y para la hermana menor, así que le enseñaron a minimizar sus habilidades para no hacer sentir mal a Monica. También debía ceder a los deseos de su hermana y ayudarla en todo. Nunca la han animado a tener poder ni voz propios. Como adulta, Jackie deseaba enmendar esa dinámica y acercarse a su hermana en un vínculo sano, pero los roles previos han contribuido a que Monica fuera reacia a intentarlo. En un encuentro, ha relatado:

No dejaba de llamar o de enviarle mensajes a Monica, intentaba planear vacaciones con su familia y les enviaba obsequios para los cumpleaños o días festivos, pues deseaba mucho conectarme con ella. Pero no funcionó. Respondía solo cuando era conveniente para ella o cuando necesitaba algo de mí. Al final, he tenido que rendirme porque la relación no era recíproca y estaba siempre molesta al respecto.

Bobby, de cuarenta y dos años, ha sido el favorito de la familia, mientras que su hermano era el chivo expiatorio, quien decía la verdad y confrontaba a su madre narcisista. Cuando Bobby intentó crear una relación más fraternal con él, tuvo que hacer frente al resentimiento y la amargura:

Sabía que mi hermano estaba celoso de mí y sentía resentimiento porque nunca lo había defendido de mi madre cuando éramos niños. De todas formas, como adulto, intenté hacer cosas por él para que quisiera ser más cercano a mí, pero no podía controlar los celos. Cuando visitaba mi casa, no dejaba de hacer comentarios desagradables sobre mí, mi esposa e hijos, y me enteraba por terceros de las cosas hirientes que decía sobre mí. Me esforcé mucho por generar una relación con él, pero acabé por rendirme. Aunque hoy en día siento rabia y tristeza, sé que no puedo resolverlo solo.

Yasmine, paciente de cincuenta y dos años, también ha tenido problemas de celos con su hermano Darius, el hijo favorito de su padre hasta la actualidad, motivado por la exaltación constante de la imagen de grandiosidad narcisista. Como era de suponer, el trato preferencial hacia Darius ha tenido un impacto negativo en su relación con Yasmine:

Cuando éramos niños, mi hermano siempre recibía mejores regalos y ropa que yo y tenía más privilegios. Ahora que somos adultos, nuestro padre aún le da dinero a él y no a mí. Comprendo por qué lo prefiere a él; Darius fomenta la personalidad egocéntrica y magnánima de nuestro padre y yo no, por eso siempre tiene su favor. Hoy en día, los hijos de él son más favorecidos que los míos; mi padre siempre tiene tiempo para ellos y los llena de regalos y cumplidos. Puedo superar su forma de hacerme a un lado, pero su forma de tratar a mis hijos es otra historia.

En ocasiones, un hijo de la familia narcisista está a cargo de los demás. La historia de Chloe es un ejemplo de esta dinámica, también del comportamiento aprehendido de no acercarse demasiado a más de una persona a la vez. Los niños aprenden que deben estar en sintonía con su padre narcisista y no entre sí; es un problema de celos por parte de los padres. En consecuencia, cuando los niños son adultos, suelen continuar con la misma dinámica: si son cercanos a un hermano o hermana, no pueden ser cercanos al otro, pues no han aprendido que pueden amar a todos los miembros de la familia sin tomar partido por nadie.

Chloe, mujer de cincuenta y ocho años, siempre ha cuidado de su hermana menor, Emmy, debido al descuido de sus padres. Siendo adulta, continuó con su papel de cuidadora porque Emmy adquirió comportamientos de autosabotaje con drogas y alcohol y era incapaz de cuidar de sí misma. Emmy siempre la llamaba para que la rescatara, y Chloe acudía, pues sentía pena porque sus padres la marginaban por no alcanzar el modelo de comportamiento ideal de la familia. Hasta que un día, de forma inesperada, Emmy cambió su lealtad hacia Chloe por su hermano. Chloe relató:

Era como si Emmy solo pudiera ser cercana a mí o a mi hermano, no a ambos, así que se acercaba al que le ofreciera lo que necesitaba y dejaba al otro de lado. Aunque comprendía la mecánica porque siempre había sido de ese modo, un día llegué al límite. La había ayudado a salir de una relación abusiva y a mudarse, le compré muchas cosas para que comenzara de nuevo y le di dinero, como había hecho muchas veces antes. Pero en cuanto obtuvo lo que necesitaba, me dio la espalda porque nuestro hermano tenía algo más para ofrecerle. Luego se volvió abusiva conmigo y ya no pude tolerarlo, había tenido suficientes traiciones y comportamientos horribles. En lugar de seguir en el papel de mártir, debí dejarla ir, pero aún me duele no tener una buena relación con ella. Ahora está pegada a mi hermano hasta que algo salga mal otra vez. Es una locura, no comprendo por qué no puede tener una buena relación con ambos.

El motivo por el que Emmy no puede ser cercana a sus dos hermanos es porque sus padres le enseñaron que no podía alinearse con más de una persona a la vez.

Por desgracia, muchos adultos nacidos en familias narcisistas no son cercanos o no tienen relación en absoluto con sus hermanos y hermanas. Algunos solo se ven en bodas, funerales u otros eventos trascendentales. Muchos dicen haber sufrido demasiadas traiciones, falta de confianza y comportamientos malvados por parte de sus hermanos, que los han llevado a renunciar a tener una relación con ellos para poder vivir en paz con sus propias familias.

El hijo único

Tras haber abordado los diferentes papeles de los hijos en una familia narcisista, también debemos considerar qué papeles cumple un hijo único. ¿Cómo lidian con el caos y con los sentimientos negativos proyectados por un padre o madre narcisista? ¿Aplican los papeles de facilitador, favorito, chivo expiatorio y niño perdido?

El hijo único puede recibir trato de hijo favorito, chivo expiatorio o hijo perdido según lo que suceda en la vida del narcisista, de modo que su papel es impredecible. El padre podría proyectar su imagen ideal en él y convertirlo en el favorito o proyectar su autodesprecio y convertirlo en chivo expiatorio. En caso de que lo ignore, será el niño perdido. También podría convertirse en facilitador para protegerse a sí mismo del abuso emocional.

Sea cual sea el papel que ocupe el hijo único, no tendrá con quien compartir la experiencia de crecer en una familia tóxica. Al tener hermanos, es posible que uno de ellos valide las experiencias de la dinámica disfuncional, pero al ser hijo único, es su palabra contra la del narcisista, que es capaz de manipularlo por medio de *gaslighting*, de decirle que se equivoca y está loco, y el niño no tendrá con quien hablar al respecto. En la mayoría de los casos, los hijos únicos internalizan que el padre o madre tiene razón y que hay algo mal en ellos.

En ocasiones, los hijos únicos dicen no encajar en la familia o en otros contextos. Al no tener la oportunidad de interactuar con hermanos ni de procesar las emociones de crecer en una familia narcisista, suelen sentirse solos y aislados. Por otro lado, algunos tienen la fortuna de contar con un familiar que puede validar sus experiencias, que podría ser un abuelo, tía o tío.

Marcella, mujer de sesenta y seis años, es una empresaria exitosa que se ha abierto camino a pesar de los desafíos de haber crecido como hija única de una madre narcisista soltera. En nuestro trabajo en terapia, no solo se centra en descubrirse a sí misma, sino también en superar la soledad y la sensación de no encajar en ningún entorno:

> *Puedo reconocer mi mérito al haber creado mi propio negocio y poder cuidarme económicamente, pero no tengo amigos cercanos ni grupos de pertenencia. Siento que no encajo en ningún sitio. Tengo colegas, hijos, nietos, clientes, pero nadie a quien pueda llamar amigo. Supongo que no sé cómo hacerlo y es muy solitario. Es como cuando era niña y tenía una madre, pero en el fondo no podía contar con ella. Era incapaz de comprender mis emociones y de mostrar interés por mis actividades o mis sentimientos. Todo se trataba de ella y, creo que por eso, aprendí a no ser vulnerable ni hablar de mí o de las cosas que me importan.*

Héctor, paciente de cincuenta años, lucha con los mensajes contradictorios que recibe de su madre facilitadora y de su padre narcisista:

> *Algunos días soy la estrella de la familia y, otros, mi padre es crítico en exceso. En otras ocasiones, ambos se abstraen tanto que ni siquiera recuerdan qué pasa en mi vida. He tenido que entender que lo que reciba de ellos no es más que una proyección de lo que estén sintiendo o atravesando, pero que no tiene nada que ver conmigo en realidad. ¿Qué clase de conexión es esa? Ni siquiera me conocen.*

Existen opciones terapéuticas para tratar cualquier papel que hayas tenido en la familia narcisista (como hermano o hijo único), y cualquier problema que aún perdure con tus hermanos. Las abordaremos en «Tercera parte: Sanar y liberarse».

La mayoría de los hijos de padres narcisistas llegan a terapia para comenzar a sanar el trauma provocado por sus padres. Se esfuerzan por seguir los cinco pasos del programa de recuperación (abordado en la tercera parte de este libro) y, después de tratar los asuntos relacionados con los padres, muchos repiten los pasos en relación con sus hermanos. Comprender las dinámicas de la familia narcisista abre las puertas a una consciencia mayor y a la eventual sanación; y, tal vez, a la posibilidad de mejorar las relaciones entre hermanos.

Continuemos...

Llegado el final de la primera parte, has aprendido las dinámicas del sistema familiar narcisista; las reglas, el reparto de papeles y la comunicación distorsionada. Ya estamos listos para avanzar hacia la segunda parte, en la que hablaremos acerca del impacto que crecer en una familia narcisista ha tenido en ti y en tu salud mental.

El abordaje de este libro es igual al que utilizo en terapia con mis pacientes. Primero, comprendemos la historia familiar y el origen de la persona; luego, observamos con más detenimiento cómo esa historia ha afectado al paciente y a su salud mental; y, por último, trabajamos en el camino de recuperación.

Antes de continuar, te invito a responder las siguientes preguntas, que podrían aclarar algunas dudas.

¿Eres un adulto criado por un padre o madre narcisista?

Marca todas las preguntas que se apliquen a tu relación con tu madre o padre.

1. Al abordar asuntos de tu vida, ¿desvía la conversación para hablar de sí mismo?

2. Al hablar de tus sentimientos, ¿intenta anteponer los suyos?

3. ¿Demuestra celos de ti?

4. ¿Carece de empatía hacia tus sentimientos?

5. ¿Te apoya solo si lo que haces lo deja como «buen padre»?

6. ¿Has sentido una falta constante de cercanía emocional con él o ella?

7. ¿Te has preguntado con frecuencia si le gustas o si te quiere?

8. ¿Solo hace cosas por ti cuando otros pueden verlo?

9. Cuando sucede algo en tu vida (un accidente, enfermedad, divorcio), ¿reacciona de acuerdo a cómo lo afectará a él o ella, en lugar de cómo te afectará a ti?

10. ¿Está demasiado pendiente de lo que piensan los demás (vecinos, amigos, familiares, colegas)?

11. ¿Niega sus propios sentimientos?

12. ¿Culpa a otros en lugar de hacerse responsable de sus propios actos o sentimientos?

13. ¿Se ofende con facilidad y luego carga el resentimiento durante mucho tiempo sin intentar resolver el problema?

14. ¿Sientes que has sido su esclavo?

15. ¿Te sientes responsable por sus dolencias físicas o psicológicas?

16. ¿Has tenido que cuidar de sus necesidades físicas o psicológicas?

17. ¿Sientes que no te acepta?

18. ¿Sientes que era o es demasiado crítico contigo?

19. ¿Te sientes indefenso en su presencia?

20. ¿Suele avergonzarte?

21. ¿Sientes que no te conoce de verdad?

22. ¿Se comporta como si el mundo debiera girar a su alrededor?

23. ¿Te resulta difícil ser una persona independiente de él o ella?

24. ¿Crees que es un farsante?

25. ¿Intenta controlar tus decisiones?

26. ¿Varía entre el ánimo ególatra y el depresivo?

27. ¿Sientes que has tenido que cuidar de sus necesidades emocionales cuando eras niño?

28. ¿Sientes que te manipula?
29. ¿Sientes que te valora más por lo que haces que por quién eres?
30. ¿Es controlador y actúa como víctima o mártir?
31. ¿Hace que te comportes diferente a cómo te sientes en realidad?
32. ¿Compite contigo?
33. ¿Siempre quiere que todo se haga a su manera?

Todas estas preguntas se relacionan con rasgos narcisistas. Cuantas más hayas marcado, más probable será que tu padre o madre tenga rasgos narcisistas y que te haya provocado algunas dificultades de niño y de adulto.

No debemos dejar que nuestras historias nos definan. Podemos superar un legado disfuncional de amor distorsionado. Es posible que te sientas sobrepasado y preocupado porque es demasiado para afrontar, pero merece la pena el esfuerzo para recuperarte, y estaré aquí contigo para acompañarte en el camino hacia la libertad, el amor propio y la aceptación.

Sigamos adelante.

Segunda parte

El impacto de la crianza narcisista

Hay heridas que nunca se ven en el cuerpo que son más profundas y dolorosas que cualquiera que sangra.

—LAURELL K. HAMILTON

Introducción a la segunda parte

Antes de que el hijo de un padre o madre narcisista pueda comenzar con una recuperación significativa, debe comprender y aceptar los efectos que ha tenido la crianza en su desarrollo psicológico y emocional. En esta sección del libro, te acompañaré a ver las consecuencias esenciales que provoca haber crecido en una familia narcisista.

Suele malinterpretarse el narcisismo al aplicarlo a personas presuntuosas, arrogantes y egocéntricas. Aunque son rasgos irritantes y poco agradables, el narcisismo es un trastorno mucho más destructivo y tiene efectos devastadores en las personas cercanas. Es difícil de tratar y muchos expertos dicen que no es posible. Su principal característica es la falta de empatía e incapacidad de adaptarse al mundo emocional de los demás.

A continuación, verás una lista de los efectos psicológicos y emocionales que puede tener la crianza narcisista sobre los hijos, que exploraremos en esta segunda parte del libro. Antes de leer la lista, ten en mente que son efectos mencionados por hijos de narcisistas de todas las edades, pero es posible que no te identifiques con todos ellos. No quiero abrumarte, lee la lista con tranquilidad y marca los puntos que apliquen a tu experiencia. Ten en mente que vamos hacia el trabajo de recuperación y que siempre hay esperanzas de comprender y sentirse mejor.

Consecuencias de crecer con un padre o madre narcisista

1. Retraso del desarrollo emocional.
2. No sentirse visto ni escuchado.
3. Los sentimientos y la realidad del hijo no son reconocidos.
4. El hijo es un accesorio del padre más que una persona independiente.
5. El hijo es más valorado por lo que hace (por el padre, en general), que por quién es.
6. El hijo no aprende a identificar sus propios sentimientos o a confiar en ellos, por lo que crece con baja autoestima incapacitante.
7. El hijo aprende que la apariencia es más importante que los sentimientos.
8. El hijo teme ser auténtico y aprende que la imagen es más importante.
9. El hijo aprende a guardar secretos para proteger al padre o madre y a la familia.
10. El hijo no es animado a desarrollar su propia identidad.
11. El hijo siente vacío emocional y falta de amor.
12. El hijo aprende a desconfiar de los demás.
13. El hijo se siente usado y manipulado.
14. El hijo apoya al padre o madre y no al revés.
15. El hijo se siente criticado y juzgado, en lugar de aceptado y amado.
16. El hijo crece frustrado por sus intentos de buscar amor, aprobación y atención en vano.
17. El hijo crece sintiéndose «insuficiente».
18. El hijo carece de un modelo de conexiones emocionales sanas.
19. El hijo no aprende límites apropiados para sus relaciones.
20. El hijo no aprende a cuidar de sí mismo de forma saludable, sino que corre el riesgo de volverse codependiente (cuida de los demás antes de ocuparse de sí mismo).

21. Al crecer, el hijo tendrá dificultades para independizarse del padre.

22. El hijo aprende a buscar validación externa antes que interna.

23. El hijo recibe el mensaje contradictorio y enloquecedor: «Esfuérzate por enorgullecerme como extensión de mí mismo, pero no tanto como para opacarme».

24. En caso de opacar al padre o madre, el hijo tendrá que hacer frente a los celos.

25. El hijo no aprende a darse crédito cuando lo merece.

26. El hijo acaba por sufrir cierto grado de estrés postraumático, depresión o ansiedad.

27. El hijo crece creyéndose indigno y no amado, y pensando «Si mi padre no puede amarme, ¿quién lo hará?».

28. El hijo suele sufrir humillación y vergüenza por parte del narcisista y crece con baja autoestima.

29. El hijo suele convertirse en un triunfador, autosabotearse o ambas.

30. El hijo necesitará recuperarse del trauma y reeducarse en la adultez.

Ser criado por un padre narcisista y crecer en una familia narcisista representa un abuso emocional y psicológico y provoca efectos debilitantes a largo plazo. Aunque los estilos de vida y las historias sean diferentes, los hijos adultos de padres narcisistas muestran los mismos síntomas emocionales internos.

Ampliaremos estas consecuencias en esta segunda parte.

5

Retraso en el desarrollo emocional

No entiendo por qué me siento vacía. Amo mi trabajo, a mi espo-
so y a mis hijos... pero me falta algo que no logro identificar. Es
como si hubiera crecido y me hubiera desarrollado, pero mi cora-
zón nunca se hubiera llenado. Es difícil de explicar, ¡como si tu-
viera un agujero en el corazón!

Carrie, treinta y nueve años.

Desde la infancia, seguimos creciendo física, mental y emocionalmente. Nuestras habilidades sociales, cognitivas y emocionales se
encuentran en desarrollo constante para que podamos convertirnos
en adultos sanos y funcionales. Sin embargo, al crecer en una familia
narcisista, en la que no se enseña a entender las emociones ni a lidiar
con los sentimientos, es posible que las personas crezcan en otras
áreas, pero permanezcan estancadas o retrasadas en su desarrollo
emocional.

Imagina que existe una vasija emocional dentro de cada uno de
nosotros. Mientras crecemos (durante la primera infancia, el paso por
la escuela y el instituto, incluso hasta pasados los veinte años), nuestros padres deben llenar esa vasija con la educación emocional ade-
cuada. Al crecer con un padre o madre narcisista que no comprende
o no gestiona sus emociones, es probable que no exista dicha

educación, sino que los hijos se desarrollen en otros aspectos, pero sin algo esencial, tal como declaró Carrie. Puede que el niño esté bien alimentado, vaya bien vestido y le vaya bien en la escuela (y luego en el trabajo), pero sin apoyo emocional, en el fondo, estará vacío.

Desde afuera, es difícil comprender la falta de empatía de un padre. ¿Cómo es posible que un padre no se alinee con las emociones de su hijo? Su incapacidad de hacerlo se origina en la incapacidad de reconocer y procesar sus propios sentimientos. En su lugar, proyecta los sentimientos negativos en sus hijos.

Por desgracia, muchos hijos emplean su preciada energía emocional para llenar las vasijas de sus padres, lo opuesto al funcionamiento saludable. En consecuencia, mientras que las personas criadas en familias sanas llegan a la adultez sintiéndose nutridas y satisfechas emocionalmente, quienes han crecido en familias narcisistas declaran sentir cierto vacío emocional. En general, los niños no comprenden este vacío e intentan llenarlo con atención de otras personas, de forma dependiente o codependiente. O dependen demasiado de otros o cuidan demasiado de los demás, relaciones que resultan en conexiones enfermizas e insatisfactorias. De adultos, algunos se vuelven solitarios, aislados y desconectados de los demás.

Para comprender el retraso en el desarrollo emocional que puede darse en los hijos de familias narcisistas, es importante entender qué implica identificar, expresar y gestionar los sentimientos propios. Una crianza sana incluye apoyar este desarrollo, algo que el narcisista es incapaz de hacer.

Identificar, expresar y gestionar los sentimientos

El trabajo del padre o madre es enseñarles a sus hijos a identificar los sentimientos, expresarlos y manejarlos en cada etapa de la vida.

Por ejemplo, un niño de cuatro años empuja o golpea a su hermano mayor, enojado porque le arrebató un juguete. Un padre sano le preguntaría qué le sucede o qué siente, y si el niño no sabe responder, podría decirle: «Parece que estás enojado con tu hermano»; y luego preguntarle por qué. Cuando el niño diga que su hermano le ha quitado un juguete, el padre reconocerá el sentimiento y lo ayudará a hablar de ello con tranquilidad, tendrá empatía con su hijo, le permitirá tener ese sentimiento y expresarlo. Y podrá usar ese momento para enseñarle al niño a hablar antes de reaccionar mal diciendo algo como: «No pasa nada por enfadarse y entiendo por qué lo estás, pero no debes empujar o golpear a nadie, debes hablar de lo que sientes». Por el contrario, estos sentimientos no son importantes para un padre narcisista, de modo que castigará o avergonzará al niño por su comportamiento, pero no le enseñará a entender lo que siente ni a expresarlo.

La historia de Elena ilustra la falta de educación emocional. Cuando tenía seis años, visitó a un vecino con su madre. Estaba fascinada con un jarrón bellísimo en una mesa cercana, así que se acercó a tocarlo, pero su madre le dijo, enfadada, que se sentara, hiciera silencio y no tocara nada. Aunque Elena se molestó, obedeció. Más tarde, de camino a casa en el coche, su madre le gritó sin parar, burlándose de ella, ridiculizándola y le dijo que era una niña mala. A sus veintisiete años, reconoce que ese incidente de hace tantos años la ha marcado. Ha aprendido a temer a la ira de su madre y a reprimir sus propios sentimientos.

Ese momento hubiera sido propicio para que la madre de Elena reconociera su curiosidad, validara la capacidad de asombro infantil y el interés por algo hermoso y, a su vez, para que le explicara con tranquilidad por qué es de mala educación tocar cosas en casas ajenas sin pedir permiso. Un padre sano diría algo como: «Sí, era un jarrón hermoso y me hubiera gustado tocarlo. Yo también quería palpar el suave cristal. Pero hay que pedir permiso cuando estamos en casa ajena. Pensemos cómo podríamos hacerlo de forma educada».

Las reacciones inapropiadas y egocéntricas del narcisista hacia las emociones normales de un hijo evitan que los niños aprendan a lidiar con esos sentimientos de forma saludable. Por ejemplo, imaginemos que Andy, de catorce años, quiere ir al centro comercial con sus amigos, pero es demasiado tarde para que sus padres le den permiso. Entonces, Andy corre a su habitación, cierra la puerta de un golpe y grita que sus padres no son justos con él. Su padre narcisista, incapaz de tolerar el comportamiento desafiante, lo acusa de ser un «pequeño rufián» que necesita una lección y lo castiga durante un mes por «contestarle».

Un padre sano hubiera seguido a Andy a su habitación para preguntarle qué sentía, hubiera validado sus sentimientos de enojo y de tristeza por no poder estar con sus amigos esa noche. Mientras que un padre narcisista como el de Andy avergonzaría y castigaría a su hijo, sin permitirle hablar ni enseñarle a expresarse, un padre sano fomentaría el diálogo sobre los sentimientos y empatizaría con ellos.

Para el narcisista, los sentimientos y el comportamiento de sus hijos son una carga, algo con lo que no quieren lidiar, por eso su actitud es: «No me importa cómo te sientas, ¡haz lo que digo!».

Melissa, de cuarenta y un años, me ha hablado de sus problemas de depresión durante la adolescencia. Tenía un padre narcisista y una madre facilitadora y sentía que no podía hablar con ninguno de ellos al respecto. En cambio, llevaba un diario en el que escribía sobre su desesperanza, sus pensamientos suicidas y su deseo de no vivir más. Desesperada, por fin decidió compartir el diario con su madre, con esperanzas de que consiguiera ayuda para ella, pero, en cambio, la mujer se lo dijo a su padre, quien entró en cólera de inmediato. En terapia, declaró:

Debí haber sabido cómo reaccionaría. Tenía un temperamento horrible, que mi madre intentaba mantener bajo control, pero ese día estaba desencajado. No dejaba de gritarme, de decirme que era una malcriada y egoísta, que no apreciaba lo fácil que era mi vida y que mis cambios de humor solo eran una forma de llamar la atención. Me acusó de causarle problemas a toda la familia al escribir en mi diario acerca de mi depresión. Siguió gritándome, hasta cerrar con: «¿Qué demonios te pasa? Después de todo lo que hacemos por ti, ¿eres infe-

liz? ¡Estás desequilibrada y deberían encerrarte en algún lugar!».

Después de ese incidente, la depresión de Melissa empeoró y, a pesar de no intentar acabar con su vida, pasó sus últimos años de instituto aislada e infeliz. No es extraño que las personas como Melissa aprendan a no recurrir al padre narcisista, sino a guardarse sus sentimientos. La mayoría de los padres se sentirían horrorizados por la situación de Melissa, intentarían hablar de sus sentimientos de tristeza y desolación y luego buscarían definir qué pasos seguir para conseguir ayuda profesional.

Los niños experimentan una gran variedad de sentimientos a diario y, con frecuencia, necesitan la validación de un padre. Si no la consiguen, aprenden a desconfiar de lo que sienten, crecen preguntándose si es normal estar tristes, enfadados, frustrados o asustados. También pueden abrumarlos dudas como: «¿Tengo derecho a sentirme así?», «¿Mis sentimientos son desmedidos?», «¿Soy demasiado sensible?», «¿Estoy imaginando cosas?».

Sunny, paciente de treinta y siete años, ha crecido con un padre narcisista riguroso que la criticaba por ser «demasiado sensible», y declaró sentir dudas de sí misma y de sus sentimientos. Hoy en día, la reticencia a hablar de sus emociones le causa problemas con su esposo:

> *Cuando mi esposo y yo discutimos o cuando me siento triste, tiendo a guardármelo porque temo que no apruebe lo que siento. Muchas veces ni siquiera sé qué es exactamente lo que siento ni por qué. O me pregunto: «¿Debería sentirme así? ¿Me pasa algo malo?». Mi padre siempre me decía a los gritos que era demasiado sensible y que sonriera. Y es verdad, soy sensible, pero no quiero ocultar siempre lo que siento. Desearía poder ser más abierta, en especial con mi esposo.*

A Sunny no le han enseñado que los sentimientos son normales y que es necesario identificarlos, hablar de ellos y gestionarlos, ha tenido que aprenderlo en sus relaciones como adulta. Muchos hijos de padres narcisistas recuerdan haber sido tildados de «demasiado sensibles». Esto demuestra cómo un narcisista, incapaz de lidiar con sus propios sentimientos, piensa que quien los demuestra es muy sensible.

Al igual que Sunny, Danisha, de sesenta y dos años, aprendió que revelar sus sentimientos podía ser peligroso, así que comenzó a esconderlos. En la juventud, tomó una decisión interesante: como respuesta a una infancia en la que contenía cualquier emoción por temor a alterar a su padre, eligió una carrera que le permitiera expresarlas.

Cuando era joven, las pocas veces que demostraba tristeza o miedo, mi padre se enfadaba y me decía palabras crueles, como «¿Por qué eres tan gallina?» si no quería subir a una montaña rusa, o «¿Por qué demonios te importa un maldito animal?» cuando mi perro murió y no podía dejar de llorar. Así que me esforcé por ocultar mis sentimientos, tanto que me sentía adormecida casi todo el tiempo. En ese entonces, no sabía por qué me sentía así, no lo relacionaba con el trato que recibía de mi padre. Luego, cuando terminé el instituto, decidí dedicarme a la interpretación. Quería expresar emociones aunque fueran actuadas. ¡Quería sentir algo!

Su historia es otro ejemplo triste de las repercusiones de crecer siendo incapaz de identificar, expresar y manejar los sentimientos. Por suerte, su carrera en la actuación la ha llevado a buscar terapia y al día de hoy está aprendiendo a ser dueña de sus sentimientos y a expresarlos.

Foco en los sentimientos del padre y no en los propios

Como hemos visto, en la familia narcisista, las necesidades de los padres están por encima de las de los hijos. Por supuesto que es lo contrario a una dinámica sana. Los padres esperan que sus hijos cuiden de sus emociones y se adapten siempre a sus sentimientos y, aunque no les demuestran empatía, esperan recibirla y que sus hijos alivien su sensación de inseguridad o vulnerabilidad. Dado que la capacidad de dar apoyo emocional a los padres es mínima, no solo por la inversión inapropiada de roles, sino porque los hijos mismos no han recibido el apoyo apropiado, las expectativas insanas provocan que los hijos nunca se sientan suficientes.

Gabriela, de cuarenta y dos años, ha sido el apoyo emocional de su madre cuando era niña. Estaba tan acostumbrada a cumplir ese papel que nunca lo ha cuestionado:

Sentía que era mi deber calmar las angustias y tristezas de mi madre. Al llegar del instituto, la encontraba en el sofá, superdeprimida y triste. Descargaba sus sentimientos negativos acerca de lo que estaba mal en su vida, hablaba de que había tenido grandes sueños, pero las cosas nunca resultaban como ella quería. Claro que nunca me preguntó por mí, por mis sentimientos ni por lo que sucedía en mi vida. De todas formas, intentaba animarla y preguntarle qué podía hacer para ayudarla, pero nunca podía hacerla feliz. Hasta hace poco tiempo, no había pensado en mis propios sentimientos y necesidades. Nunca pedí mucho, pues mi madre siempre estaba enfrascada en sí misma.

Gabriela estaba tan pendiente del humor de su madre (y carecía de reconocimiento e interés parental en sus propios sentimientos), que creció ocultando sus emociones. Aunque sea triste, justo al llegar a la mediana edad ha comenzado a reconocer que sus esfuerzos por hacer de madre de su propia madre han impedido su desarrollo emocional.

Andrew, paciente de treinta y dos años, me ha hablado de su infancia con ambos padres narcisistas, en la que todo se centraba en ellos. Les enseñaron a ella y sus hermanos que debían «ser felices», pero ellos no eran personas felices. Vivían con la fantasía de que «el césped es más verde en el jardín del vecino», motivo de muchas mudanzas de la familia. Andrew ha relatado:

Nos mudábamos con frecuencia para que mis padres encon-traran una nueva aventura. Éramos cuatro hermanos y de-bíamos adaptarnos constantemente a nuevas escuelas, casas, vecindarios y amigos. No creo que se les haya ocurrido alguna vez que fuese difícil para nosotros. Los seguíamos porque ¿qué más podíamos hacer? Pero asistí a trece escuelas diferentes y debo admitir que no aprendí mucho en ellas, pues readaptar-me agotaba todas mis energías. Si me quejaba, decían que era egoísta y que debía estar feliz por ellos en cualquier aventura nueva que emprendieran. A veces, necesitaba hablar de cómo me sentía con todos los cambios y lo que me estaba sucediendo. Pero ese no era el estilo de mi familia. ¡Teníamos que ser fe-lices!

Resulta interesante que los padres de Andrew lo llamaran egoís-ta por no estar «feliz por *ellos*». Al parecer, su mayor preocupación era que sus hijos reflejaran su estado emocional, lo que no resulta ser la mejor fórmula para el desarrollo emocional sano. Y la obligación de «ser felices» se corresponde con un tema recurrente en las fami-lias narcisistas: *positividad tóxica*. Si todo se ve bien y todos se mues-tran felices, los padres se sienten mejor consigo mismos, pueden convencerse de que están haciendo un buen trabajo y dejan de temer que algo no esté bien. Esta actuación es tóxica porque hace que los hijos se sientan falsos. Sin embargo, si expresan su infelicidad, como Andrew, deben pagar el precio.

Reacción a detonantes

Al haber carecido de modelos a seguir sobre el manejo de las emo-ciones y de recuperación o contención, los hijos adultos de familias narcisistas podrían reaccionar de forma exagerada a situaciones particulares, poniéndose a la defensiva y sintiéndose confundidos o abrumados. Algunas interacciones con otras personas funcionan como lo que llamamos «detonantes», les recuerdan algo de la infancia que son incapaces de manejar como quisieran.

Veremos algunos ejemplos de situaciones detonantes.

Beatrice, de cuarenta y cinco años, dice no haber aprendido a lidiar con los sentimientos que afloraban en respuesta al comportamiento de sus padres hacia ella. Antes de recuperarse, cuando las interacciones con amigos u otras personas la confundían o alteraban, se criticaba a sí misma. Sus reacciones al carácter dictatorial de su padre eran el detonante, por lo que siempre se culpaba a sí misma:

Cada vez que discutía con un amigo o familiar, suponía que yo estaba equivocada y asumía la culpa por todo. Antes de empezar el camino de recuperación, no sabía cómo sentirme cuando un amigo o novio estaba molesto conmigo, así que dudaba de mí misma y no lo enfrentaba. Aunque sabía que no siempre todo era mi culpa, lo único que hacía era decir «Lo siento, lo siento».

Michael, de cuarenta y dos años, reconoce que se deja persuadir con mucha facilidad por las opiniones de los demás. En terapia, hemos hablado de cómo puede retrotraerse a la exigencia de coincidir con todo lo que su padre narcisista dijera o exigiera:

La mayor parte del tiempo, no sé bien qué pienso o qué siento, así que cuando estoy con alguien, puede convencerme o manipularme para que esté de acuerdo con lo que diga. En una familia autoritaria, no te atreves a tener tus propias opiniones.

Para Anna, de veintiocho años, la posibilidad de abandono es un detonante. En terapia, ha aprendido que el origen de su miedo está en sus sentimientos como hija de una madre narcisista:

Tengo una amiga cercana que tiene dos hijos, mientras que yo no tengo ninguno. Hablamos mucho por teléfono y nos vemos siempre que podemos. Sé que teniendo dos hijos no siempre estará disponible para sus amistades, pero cada vez que me dice que no tiene tiempo para hablar, siento una reacción de rabia ilógica. Hasta que comencé terapia y aprendí la causa, tenía un comportamiento bastante reprobable. Cuando mi amiga me decía que no podía hablar y yo lo necesitaba, me encerraba en el baño y tiraba todo lo que hubiera sobre el lavabo de un manotazo. Sé que era una actitud irracional, pero no sabía cómo manejar mis sentimientos. Mi esposo negaba con la cabeza con incredulidad, y yo me sentía como una idiota. Me comportaba como una niña.

La amiga de Anna detonaba el sentimiento de abandono emocional de su infancia. Durante el tratamiento, ha aprendido que debe trabajar el trauma con su madre para poder controlar los detonantes de forma más racional.

Jordan, hombre de cuarenta y ocho años, tiene dificultades con su pareja porque, como estamos descubriendo en terapia, a veces le recuerda a su madre narcisista. En lugar de identificar que está frente a un detonante y que no ha aprendido a procesar esos sentimientos, se pone a la defensiva:

Cuando mi compañero intenta decirme que está molesto por algo, comienzo a culparlo de inmediato. Pongo los ojos en blanco, soy condescendiente y lo culpo. Sé que está mal, pero no entiendo qué me pasa. Me molesto y la reacción es automática.

Simone, de cincuenta y cinco años, siempre se ha sentido sola cuando era niña porque ha crecido con dos padres narcisistas que no le prestaban atención. Sus primeros sentimientos han sido de tristeza y de soledad, pero nunca ha aprendido a lidiar con ellos. Siendo adulta, que sus amigos o colegas no cumplan con sus expectativas es un detonante para ella.

Cuando me niegan algo, en un vínculo o en el trabajo, vuelvo a ser la niña triste que solo quiere llorar. Soy como un bebé que no consigue lo que quiere y tengo la sensación de que no le importo a nadie. No suele ser real, pero así es como reacciono y estoy trabajando en ello.

El comportamiento que describen Beatrice, Michael, Anna, Jordan y Simone es una reacción exagerada, detonada por experiencias pasadas en sus familias narcisistas. Su desarrollo emocional en la infancia se ha visto retrasado por la ausencia de un modelo parental y por la falta de ayuda para comprender los sentimientos. Por fortuna, como adultos, todos han querido aprender más sobre sus pasados y crecer con personas para poder hacerse responsables de sus comportamientos y de su bienestar.

Seguramente recordarás situaciones en las que has reaccionado de forma exagerada al comportamiento de un amigo, colega o pareja, y no has podido comprender del todo la razón. Al descubrir que esa reacción suele ser detonada por tu experiencia en la familia narcisista, la confusión será menor. No te desesperes ni pierdas la esperanza. Siempre les explico a mis pacientes que sus reacciones son una respuesta normal por haber crecido en un entorno familiar anormal. Pero es posible sanar.

Retraso del desarrollo emocional y desarrollo emocional detenido

En este capítulo, hemos hablado del retraso en el desarrollo emocional, provocado por la incapacidad del padre narcisista de enseñarles a sus hijos cómo identificar, expresar y manejar sus emociones y por su falta de apoyo emocional y de empatía hacia ellos.

Debemos señalar que existe una gran diferencia entre el «retraso en el desarrollo emocional» en estos casos y lo que llamamos «desarrollo emocional detenido», presente en personas con trastorno de la personalidad narcisista. Estas personas se estancan en una etapa emocional temprana y se comportan como niños, aun siendo adultos. En estos casos, la situación es difícil de tratar.

Sin embargo, haber sido criados por un narcisista no implica que también te convertirás en narcisista ni que tu desarrollo emocional se detendrá.

En la tercera parte, trabajaremos en el retraso del desarrollo emocional y en un proceso de recuperación que fomentará la autenticidad para convertirte en ti mismo.

Continuemos...

Pasaremos a discutir el daño de la confianza, otra consecuencia de la crianza narcisista.

6

Confianza dañada

Mientras crecía, nunca sentí que pudiera contar con lo que llamaría apoyo emocional de mis padres. ¿Esa sensación que tienen otras personas de que su madre o padre estarán ahí de forma incondicional? Yo nunca la he tenido. No existió. No podía confiar en ellos para contarles mis verdaderos sentimientos sobre ningún asunto. Ahora que soy adulto, por desgracia, aún soy incapaz de abrirme con mis personas cercanas. Ni siquiera me siento cómodo mostrándome vulnerable con mis amigos o con mi novia, lo que dificulta tener intimidad real.

Brian, treinta y dos años.

La incapacidad de Brian de confiar en los demás y, por lo tanto, de experimentar intimidad emocional verdadera y permitirse ser vulnerable se remonta a su familia de origen. Al crecer en una familia narcisista, los niños aprenden a no apoyarse en los demás, a no depender de nadie ni a esperar coherencia de sus padres. En este capítulo, veremos cómo la crianza narcisista daña la confianza de los niños.

¿Qué significa confiar en alguien?

Las personas aprendemos a confiar en los primeros meses de nuestras vidas. En un contexto sano, el bebé aprenderá que cuando llore, su figura parental estará allí para apoyarlo, consolarlo y cuidarlo. Todos los psicólogos conocemos la importancia de formar lazos tempranos y de los efectos que tienen en el desarrollo emocional y psicológico. La capacidad de confiar es fundamental y comienza cuando el recién nacido depende por completo de sus cuidadores. El cuidado debe ser consistente a lo largo de la infancia para que el niño se sienta a salvo y cuente con alguien tanto física como emocionalmente.

El reconocido psicólogo Erik Erikson habla de la importancia de la confianza en muchos de sus trabajos. En su teoría de las «Etapas del desarrollo psicosocial», explica por qué es crucial que el bebé pueda confiar en que su cuidador cubrirá sus necesidades. Sus ideas sobre este tema se encuentran sintetizadas en un artículo en verywellmind.com:

> La primera etapa de la teoría del desarrollo psicosocial de Erikson, la más fundamental, se da entre el nacimiento y el primer año de vida. El desarrollo de la confianza se basa en la disponibilidad y la calidad de los cuidadores del niño.
>
> En esta etapa del desarrollo, el niño depende del adulto para todo lo que necesite para sobrevivir, lo que incluye comida, amor, calor, seguridad y cuidado. Si el cuidador no brinda amor y protección adecuados, el niño sentirá que no puede confiar o depender de los adultos en su vida.[6]

La jerarquía de las necesidades de Abraham Maslow es otra teoría psicológica de renombre que enfatiza la importancia y la necesidad de desarrollar la confianza. Presenta un modelo de cinco niveles, en general representados en forma de pirámide, que inician desde las necesidades básicas, sigue con las psicológicas y las de realización personal. Las cinco necesidades esenciales son: fisiológicas, de seguridad, amor, pertenencia, estima y realización personal. Antes de cubrir los niveles más altos de la pirámide, se deben cubrir estas necesidades básicas. La seguridad, que incluye la confianza, aparece en el segundo nivel de la pirámide y es definida como una necesidad básica.

En mi práctica como terapeuta familiar durante muchos años, he visto la falta de confianza en muchos pacientes provenientes de familias disfuncionales y, en estos casos, acostumbro investigar su historia social para determinar dónde se ha originado. Los pacientes se presentan con problemas de hipervigilancia y de ansiedad para los que no encuentran explicación; al retroceder hasta descubrir que no se sentían a salvo en sus casas por causa de la crianza narcisista, podemos comenzar a trabajar en el problema y a crear un plan de recuperación. Profundizaremos en la importancia de generar confianza y cómo se relaciona con el comportamiento y los vínculos en la adultez.

El diccionario define *confianza* como «seguridad en el carácter, capacidad, fuerza o autenticidad de algo o de alguien». En cuanto a las relaciones parentales, los hijos necesitan tener seguridad del carácter, la capacidad, la fuerza y la veracidad de sus padres para sentirse a salvo. También necesitan saber que sus padres estarán allí cuando los necesiten.

Sin embargo, al crecer en una familia narcisista, la sensación de seguridad es, cuanto menos, inestable. El narcisista es impredecible e inconsistente en su forma de responder a sus hijos; por lo tanto, los niños se sienten vulnerables e inseguros y su capacidad de confiar en que los demás los verán, escucharán y cuidarán se ve afectada; se genera una desconfianza profunda difícil de revertir. Un meme publicado por «Anonymous» lo describe muy bien: «La confianza es como un papel, una vez arrugado nunca vuelve a ser del todo liso».

Cuando la confianza entre un niño y el padre narcisista se debilita con el tiempo, es difícil identificar cómo y cuándo ha sucedido, pues lo más probable es que haya sido en una acumulación de eventos sucesivos. Dado que el niño no comprende por qué su padre o madre no quiere o no puede satisfacer sus necesidades, aunque elucubre explicaciones posibles, su capacidad de desarrollar la confianza se ve dañada en profundidad. Si no puede contar con que su padre vaya a atender sus preocupaciones o necesidades, ¿cómo va a poder confiar en esa persona o en otras personas a lo largo de su vida?

En ocasiones, un bebé llega a llenar las necesidades narcisistas del padre o madre, pues alimenta el deseo de ser adorado e indispensable. He visto casos en los que el lazo comienza a formarse en los primeros años, hasta que el bebé comienza a llorar o a ser muy revoltoso, se convierte en un problema y el padre se desentiende. O cuando el niño comienza a formar su propia personalidad, a decir que no, ser desafiante y resistir el control del narcisista, el padre cambia la actitud atenta por distancia, quejas e irritación por el hijo que se ha convertido en una carga. Lo malo de estos casos es que el niño aprende a confiar y luego debe desaprenderlo, algo muy confuso a una temprana edad.

Una paciente, citada en el libro de Pressman & Pressman sobre narcisismo, detalló que no podía confiar en que su madre le brindara apoyo emocional y que aferrarse al sentimiento efímero de ser amada era como «intentar coger humo». Cuando mostraba malestar, su madre decía las palabras indicadas y actuaba como una buena madre, pero cuando ella dejaba de hablar, cambiaba de tema de inmediato y comenzaba a hablar de sus propios problemas. Sin duda, era incapaz de ponerse en el lugar de su hija. Acostumbrada a que todo se tratara sobre su madre, la paciente declaró: «Adoraba a mi madre y sabía que me amaba, pero era como intentar aferrar una nube de humo; la ves, pero no puedes tocarla. Aún me siento así» [7].

Ausencia de una red de seguridad emocional

Los niños criados en familias narcisistas crecen sin una red de contención emocional, por lo que siempre se preguntan si sus padres estarán allí para consolarlos, apoyarlos y amarlos. Ante la inconsistencia de los padres para asegurarles a los hijos que pueden depender de ellos, los niños desarrollan confusión y ansiedad y no pueden evitar sentirse molestos y temerosos. En este contexto familiar, la capacidad del niño de confiar en los padres se ve debilitada.

Sasha, de treinta y siete años, me ha hablado del comportamiento inconsistente de su madre cuando ella era una pequeña que le temía a la oscuridad:

Recuerdo momentos a mis cinco o seis años en los que quería que mi madre me abrazara y me dijera que todo estaría bien. Le tenía miedo a la oscuridad, así que esperaba que me consolara para que pudiera dormir, pero me inquietaba llamarla o ir con ella porque sabía cómo reaccionaría. Dependía de su humor del momento: a veces me abrazaba y me decía que todo estaría bien, otras me decía que me estaba comportando como una bebé y que me fuera a la cama.

Sasha tiene muchas historias sobre la falta de consistencia de su madre cuando ella era niña. Nombraba con frecuencia las ocasiones en las que su madre se olvidaba de recogerla (de entreno de fútbol, de la escuela, clases de música, cumpleaños y otras actividades).

Recuerdo estar sentada muchas veces en las escaleras de la escuela, preguntándome si vendría a buscarme o no. Me daba vergüenza y miedo. Algunas veces, mis maestros tenían que llevarme a casa.

Cuanto más sucedía esto, más profunda se volvía la incapacidad de confiar de Sasha, tanto que ha perdido las expectativas de estar a salvo y de recibir cuidados.

Con frecuencia, la impredecibilidad del narcisista se refleja en una personalidad agradable en un instante y un brote de rabia al siguiente. En general, los cambios de humor dependen de que sus necesidades personales sean satisfechas o no. Por supuesto que los niños no tienen control sobre la inestabilidad emocional de sus padres, de modo que su falta de confianza se intensifica.

Anthony, de cuarenta y un años, recordó cómo la rabia impredecible de su padre narcisista ha evitado que se sintiera a salvo:

Mi padre podía ser encantador. De hecho, sus amigos me decían que adoraban su humor singular y cómo bromeaba con ellos. Pero cuando ellos no estaban y algo no iba como él quería, la situación era diferente, su ira se desataba y nunca sabía qué esperar. Me perseguía por la casa, me empujaba contra una pared, intentaba golpear a mi madre o a mi hermana o gritaba y arrojaba cosas. Aunque lo peor era que nunca sabíamos cuándo sucedería, así que nos tomaba por sorpresa.

La volatilidad en el comportamiento abusivo de un padre provoca que el niño esté en constante estado de hipervigilancia y en guardia, a la espera del siguiente golpe, y que viva con ansiedad y miedo constantes. Es comprensible que esto afecte a los niños y genere inquietud y temor. Piensa que, aún como adultos, necesitamos saber que contamos con una red de contención emocional en nuestras parejas, amigos y familiares para sentirnos seguros y cómodos.

Incapacidad de depender de los demás

Cuando se trata de confianza, el mensaje que aprenden los hijos de padres narcisistas es el siguiente: «No puedo depender de los demás, ni siquiera de las personas más cercanas a mí, así que debo aprender a encargarme de todo solo». ¿Cómo hacen los niños para lidiar con el peso de un mensaje tan irracional, dado que dependen de sus padres casi por completo?

Como hemos visto, un rasgo en común de las familias narcisistas son las mentiras y la deshonestidad, que causan estragos en la percepción de la realidad de los niños y dejan cicatrices, tales como temor al abandono, a la traición y a la manipulación. En otras palabras, echa a perder su capacidad de confiar, de modo que aprenden a depender de sí mismos, a pesar de no haber desarrollado su identidad por la falta de apoyo y de cuidado parental.

Christy, paciente de cuarenta y tres años, es un caso que ilustra esta problemática. Al haber aprendido a lo largo de la infancia que no podía confiar en que sus padres la cuidaran (ni siquiera para satisfacer sus necesidades básicas), ha crecido pensando que debía encargarse de todo sola. Muchas veces, cuando era niña, sus padres la dejaban sola por las mañanas diciendo que debían ir a la tienda o al campo y que volverían pronto para llevarle el almuerzo. Recuerda haberlos escuchado decir «No tendrás hambre hasta que regresemos». Su visión de que sus necesidades eran más importantes que las de Christy ha derivado en la incapacidad de la niña de creer en sus palabras. Recuerda la siguiente experiencia como suceso recurrente:

Vivíamos en una granja y mis padres trabajaban mucho, pero a veces yo necesitaba comida, atención o simplemente amor. Cuando no estaban trabajando, salían con sus amigos a jugar al póquer o a beber. Incluso, algunos días cuando era pequeña, con no más de siete años, me dejaban a mi suerte y no podía encontrarlos. Entonces, ideé mi propio plan, que ahora que lo pienso no era nada seguro: mi abuela vivía cerca y yo tenía un poni, así que si me sentía muy sola o hambrienta, buscaba mi caballo y lo montaba hasta la casa de mi abuela. No sé cómo el caballo podía saberse el camino y no había logrado que mi padre le colocara una montura, pero siempre llegábamos. Con frecuencia, pienso que era muy peligroso porque las tierras se extendían junto a un arroyo. Y hoy soy consciente de que he tenido que encontrar mi forma de sobrevivir porque no tenía con quién contar.

George, de cincuenta y seis años, también ha hablado de la falta de confianza en que sus padres estarían para él y, por lo tanto, se ha dispuesto a manejar las cosas por su propia cuenta, hábito que continuó hasta la adultez. Recuerda necesitar ayuda con los deberes, el material escolar, la ropa y otras cosas que los padres suelen proveer. «Si necesitas algo, solo tienes que pedirlo», le decían, pero rara vez lo cumplían. Al igual que los padres de Christy, los suyos no eran de fiar cuando decían que estarían allí para él. Su forma de priorizar sus propias necesidades antes que las de su hijo ha derivado en que George sintiera rabia, tristeza y desconcierto. Con el tiempo, ha internalizado el mensaje: «Soy invisible para ellos. No soy digno de su cuidado o amor. Tengo que resolver esto solo».

George ha descrito su falta de confianza en sus padres y cómo lo ha convertido en un hombre «hazlo tú mismo»:

He crecido sabiendo que no podía contar con la ayuda de mis padres para nada. Estaban demasiado centrados en sí mismos y en sus propias vidas como para prestarme atención. Ahora, siendo adulto, me encuentro repitiendo esta frase: «Si quieres buenos resultados, hazlo tú mismo». Me resulta difícil pedir ayuda, incluso a mi esposa e hijos. Tampoco me gusta contratar a personas, así que lo hago casi todo yo mismo. Puede que deba estar feliz por haber aprendido muchas habilidades, pero tengo dos negocios y estoy demasiado ocupado como para no tener ayuda. Además, mi esposa se siente incómoda porque lo interpreta como falta de confianza hacia ella.

Confianza en el carácter y la fuerza emocional de los padres

La definición de confianza incluye la importancia del carácter y de la fuerza. ¿Cómo afectan nuestra capacidad de confiar en los demás? El carácter revela la moralidad, la diferenciación del bien y del mal, el valor de la honestidad y el comportamiento hacia los demás de una persona. En cuanto a la fuerza, me refiero a la emocional, a la capacidad emocional de manejar las situaciones de la propia vida y de la de otras personas con amabilidad, compasión y justicia. Son dos rasgos fundamentales para la confianza, por lo que los veremos con más detenimiento para comprender su importancia.

Al observar las interacciones de un narcisista con otras personas, encontramos comportamientos comunes: falta de empatía, abuso de los demás para cubrir sus propias necesidades y la idea de que siempre tienen la razón, por lo que no se hacen responsables de sus actos y se sienten privilegiados. Esta clase de comportamientos hablan mal del carácter de las personas y evitan que sus hijos confíen en ellas.

Los niños aprenden más de lo que ven que de lo que oyen. Si ven que sus padres tratan mal a otras personas, es probable que esperen ser maltratados también. No pueden esperar que sean buenos y cuidadosos con ellos si se comportan de otra forma con personas ajenas a la familia. Cuando los padres trasmiten el mensaje de «Haz lo que yo diga, no lo que yo hago», los hijos también pierden la confianza, pues lo que dicen que es un buen comportamiento no se condice con lo que los niños ven en sus actos.

Ariana, una paciente mía de cuarenta y dos años, me ha hablado del trato grosero de su madre hacia los empleados de los restaurantes y cómo eso ha afectado la percepción que ella y sus hermanos tenían:

Cuando éramos niños, nos daba vergüenza salir a comer con mi madre. Trataba a los camareros como si fueran los sirvientes de su reino, les daba órdenes de forma grosera y nunca estaba satisfecha. Si ordenaba algo pero no le gustaba, exigía que le sirvieran otra cosa. Pero si nosotros teníamos la más mínima queja, decía que éramos groseros y que hiciéramos silencio o nos enviaría al coche sin comer. Era muy confuso.

Ariana y sus hermanos no podían confiar en que si observaban y seguían el ejemplo de su madre harían lo correcto, como hacen muchos niños. En cambio, han aprendido que ese no era el ejemplo que debían seguir y debieron descifrar cómo comportarse a pesar de los mensajes confusos que recibían. El carácter débil de su madre, reflejado en el trato grosero e injusto hacia los demás, ha hecho que Ariana comprendiera que no podía confiar en ella. Al igual que Ariana, muchos hijos de padres narcisistas reconocen haber aprendido cómo *no* querían ser siendo adultos.

Jacob, de cincuenta años, me ha explicado que el trato «despiadado» de su padre hacia un empleado lo ha convencido de que no podía confiar en la moral del hombre:

Crecí viendo a mi padre en su tienda de neumáticos. Tenía unos diez empleados, pero renunciaban con frecuencia. Cuando crecí y comencé a trabajar con él, comprendí por qué: mi padre no tenía empatía con ellos y los trataba como si fueran irrelevantes. Entendía que el jefe debía hacer ciertas cosas, pero cuando la contable contrajo cáncer, me impactó la reacción de mi padre. Me dijo: «¿Cómo se atreve a ponerse enferma ahora que la necesito? ¡No puedo dejar que se tome tiempo libre si perjudica el negocio!». Cielos. Después de eso, he tenido que cambiar de trabajo. No podía trabajar para una persona tan despiadada, aunque fuera mi padre.

Tener certeza de la fuerza emocional del otro también es un componente importante de la confianza. La mayoría no le hablaríamos a alguien de nuestras inquietudes o sentimientos más íntimos si sintiéramos que no tiene la fuerza emocional para manejarlo. En cambio, tendemos a compartir con personas sensibles en las que podamos apoyarnos. Personas que hayan probado que nuestras dificultades no las devastarán y que no las harán personales. En general, decidimos *no* apoyarnos en quienes sintamos que no podrán con nuestros problemas o emociones.

Tras las historias que hemos compartido acerca de cómo los narcisistas son incapaces de manejar sus propios sentimientos, sabemos que no detentan mucha fuerza ni madurez emocional.

Yolanda, de treinta y tres años, habla mucho acerca de cómo deseaba tener un padre que se comportara como un adulto y a quien pudiera recurrir cuando necesitara apoyo emocional. Por desgracia, ninguno de sus padres narcisistas demostraba tener la fuerza necesaria para lidiar con sus preocupaciones o inquietudes:

Mi madre y mi padre son como niños emocionalmente. Siempre estoy para ellos y los ayudo con toda clase de cosas, incluso con su matrimonio sin sentido. Pero cuando yo necesito a alguien, debo recurrir a un amigo o a mi tía. Nunca recurriría a mis débiles padres por algo que tenga que ver con mis sentimientos. Aún siendo adulta, anhelo tener padres a los que pedirles consejos sobre paternidad, ayuda económica o para comprar mi primera casa, pero es algo impensable con los míos.

Confiar demasiado rápido en los demás

Algunos hijos de padres narcisistas están tan desesperados por confianza y amor que confían demasiado rápido en los demás, con frecuencia, en personas que no son de fiar. Al no haber aprendido a poner límites saludables en la familia disfuncional, pueden ser vulnerables al abuso de aquellos en quienes confiaron muy de prisa. Confiar requiere de sentido común y de una cuota de precaución, algo que no está presente en quienes ansían formar conexiones.

En mi extensa carrera trabajando con hijos abusados y traumatizados, he conocido casos en ambos extremos del problema de confianza. Algunos jovencitos que apenas me conocían corrían hacia mí y por poco saltaban a mis brazos; otros necesitaban mucho tiempo de terapia para formar una alianza conmigo y confiar. Recuerdo en particular a una niña encantadora de seis años que se mostraba a la vez ávida y reticente a acercarse cuando la conocí. Había sido abusada por su padre y, en ese momento, estaba con una familia de acogida. Cuando llegó a mi oficina por primera vez, entró con actitud audaz y confiada y dijo: «Bueno, ¿qué demonios quiere de mí y dónde está el alcohol? ¡Vamos!». Su recibimiento descarado le aseguró que tendría mi atención, pero llevó mucho tiempo que formara un vínculo conmigo y se comprometiera con nuestro trabajo juntas. Sobra decir que su historia es un caso triste de narcisismo y abuso que ha dañado su capacidad de confiar y, a su vez, ha causado que confiara demasiado en otras ocasiones.

Nellie, de cuarenta y cuatro años, ha crecido con una madre narcisista y ha tenido un extenso historial de trauma. Desafortunadamente, ha confiado en que personas desconocidas de internet podían escuchar sus traumas familiares y ofrecerle alguna clase de respuesta empática. Tenía un problema para establecer límites y la costumbre de revelar toda su vida a personas que acababa de conocer. Por supuesto que nunca ha obtenido la respuesta deseada, pues las personas la rechazaban enseguida porque compartía demasiado. Nellie y yo hemos tenido que trabajar mucho en terapia para ayudarla a contener el impulso de divulgar su historia de vida con cualquiera y para que aprendiera límites de cuidado personal. Lo más interesante fue que, mientras que le resultaba fácil confiar en extraños, ha tardado mucho tiempo en sentirse cómoda en su relación terapéutica conmigo.

Revelar tu historia a extraños es muy diferente a hablar de tus traumas en terapia. El terapeuta te ayudará a tranquilizarte, te brindará apoyo con tus sentimientos y te enseñará a elaborar el trauma. Para ello se requiere de mucha confianza y de la capacidad de apoyarse en el terapeuta.

Cuando se trata de confiar demasiado rápido en los demás, he oído de hijos adultos de narcisistas que se abren demasiado rápido con sus citas y confían en ellas antes de entablar una relación firme. Declaran ir a citas y revelar toda su vida de buenas a primeras, lo que suele generar que la otra persona se sienta desbordada y no quiera una segunda cita.

El trastorno de estrés postraumático puede provocar el desborde de sentimientos y la necesidad de contar detalles íntimos inquietantes a quienes aún no se han ganado la confianza. Veremos estrés postraumático derivado de la crianza narcisista en el «Capítulo ocho: Falta de valía y trastorno de estrés postraumático complejo».

Impacto de la confianza dañada en las relaciones

Los hijos de familias narcisistas no pueden evitar que los problemas de confianza impacten en sus relaciones como adultos. Más allá de cómo sea la dinámica familiar, nuestras relaciones con los miembros de la familia tienden a condicionar cómo nos conectamos y apegamos a nuestras futuras parejas. Algunos especialistas dicen que es probable que nos apeguemos a lo conocido hasta que emprendamos nuestra recuperación, y lo he atestiguado en persona durante mi práctica.

En su libro *Maneras de amar*, el psiquiatra y neurocientífico Amir Levine y la psicóloga Rachell Heller, exponen tres clases de apego en las relaciones adultas:

Apego ansioso: Son personas que se preocupan demasiado por sus relaciones y por la capacidad de sus parejas de corresponder a su amor.

Apego evitativo: Son personas que equiparan la intimidad con la pérdida de independencia, por lo que siempre se esfuerzan por limitar la cercanía.

Apego seguro: Son personas que se sienten seguras con la intimidad, suelen ser cálidas y amorosas.[8]

Los hijos de familias narcisistas suelen descubrir que tienen problemas de ansiedad y de apego evitativo para resolver en terapia y en sus relaciones. Su apego es menos seguro como consecuencia de lo que hemos discutido hasta ahora y de los problemas de confianza presentados en este capítulo, pero la buena noticia es que es posible aprender y trabajar para desarrollar un apego seguro durante la recuperación.

Isha, de cuarenta y dos años, ha hablado de su apego ansioso en una relación amorosa del pasado:

Conocí a Jamal en un momento bastante estable de mi vida. Mi carrera iba por buen camino y estaba consiguiendo tener seguridad económica. Pero me ha sucedido algo muy extraño: en cuanto supe que me había enamorado de él, comencé a preocuparme por él y por la relación. No podía pensar en nada más y, cuando no estaba cerca, me sentía fatal. Esperaba ansiosa a que llamara o me visitara y me preguntaba dónde estaba y qué hacía a todas horas. Luego comenzó a preocuparme que rompiera conmigo en cualquier momento. Estaba perdiéndome a mí misma, tanto que mi cuidado propio y mi carrera empezaron a sufrir las consecuencias.

Isha ha crecido con un padre narcisista y una madre facilitadora. Cuando comenzamos a analizar la historia de su familia y el impacto que ha tenido en su incapacidad de confiar, ha comprendido la conexión entre ese pasado y la ansiedad que sufría en sus relaciones amorosas. Su padre era alcohólico y narcisista y su madre siempre lo defendía; las reacciones de ambos hacia Isha eran inconsistentes. Un día, la casa estaba en paz; al siguiente, era un caos de peleas y gritos. Isha ha descrito esa dinámica de confianza, común a muchos hijos de narcisistas, diciendo: «Un día te dan apoyo emocional con amabilidad y afecto; al siguiente, te pisotean con rechazo, humillación y miedo». Se puede ver la desconfianza y el apego ansioso que esta situación ha generado en las relaciones cercanas de Isha como adulta.

Harold, paciente de cincuenta y cinco años, aún tiene dificultades para conectar con otra persona, una característica del apego evitativo:

Nunca me he casado y probablemente nunca lo haga. Siento que le temo a la intimidad y a la cercanía. Adoro la emoción y la anticipación de conocer a alguien nuevo, pero cuando se vuelve cercano, comienzo a alejarme. Desearía saber qué hacer al respecto, pues la vida no me parece plena.

En su familia de origen, Harold ha aprendido a no confiar en nadie y a concentrarse en cuidar de sí mismo, pues siempre que ha intentado contar con otra persona, ha acabado decepcionado y herido. El apego evitativo fue un mecanismo de defensa aprendido en la infancia para mantenerse a salvo de su madre y su padre narcisistas poco fiables. Ahora que es adulto y no necesita defenderse de un padre narcisista, el mecanismo de defensa se vuelve en su contra, así que en su recuperación está aprendiendo a confiar en sí mismo y en los demás.

Janet, de cincuenta y cuatro años, ha pasado por varias relaciones amorosas fallidas, en las que se ha sentido ansiosa e insegura. Ha crecido con una madre narcisista que era muy crítica, en especial con su aspecto, pues le preocupaba, como a muchos narcisistas, que la imagen imperfecta de la hija hablara mal de ella como madre. A los ocho años, Janet fue obligada a hacer régimen y, a los dieciocho, se sometió a una rinoplastia, pero seguía sin poder complacer a su madre y se sentía fea. Su madre incluso le dijo que nunca conocería a una pareja que la amara. Por desgracia, como sucede con la mayoría de los niños en la misma situación, Janet se creyó las palabras de su madre, que no era lo suficientemente bonita, delgada o buena. Su imagen negativa ha tenido un claro impacto en las relaciones futuras y la ha llevado a generar una dinámica de apego ansioso.

Nunca he confiado en mí misma para encontrar a la persona indicada ni he confiado en ninguna de mis posibles parejas. Era un desastre. Mi terapeuta me ha dicho que tenía apego ansioso y me ha ayudado a trabajar en la causa, que, al parecer, se remontaba a mi relación complicada con mi madre narcisista. También he descubierto que tendía a elegir hombres evitativos, que incrementaban mi ansiedad. Tardé un tiempo en procesar toda la información y en tomar una decisión con respecto a mi madre, pero la terapia me ha ayudado. Ahora tengo una relación con amor y confianza.

Gracias a su trabajo de recuperación, Janet ha aprendido a resolver el apego ansioso, a encontrar a una persona indicada para ella y a elaborar el trauma que ha experimentado en su familia narcisista. Aprender a generar un apego seguro con su pareja actual ha sido una experiencia muy gratificante para ella.

Confiar en uno mismo

Crecer en una familia narcisista no solo daña la capacidad de confiar en los demás, sino la capacidad de confiar en uno mismo. Hemos visto que surgen dudas de uno mismo cuando nuestros sentimientos son ignorados e invalidados y cómo el vacío causa estragos en nuestro sentido de la realidad y de identidad. Pero también es importante tener en cuenta que, para confiar en los demás, también es clave confiar en nosotros mismos y en nuestros sentimientos. Cuanto más confiemos en nuestra capacidad de manejar situaciones y sentimientos, menos miedo tendremos.

Al trabajar con mis pacientes, hago especial énfasis en que no es posible confiar en los demás sin confiar en ellos mismos.

Aunque aprender a confiar en uno mismo es un proceso largo, es algo que podemos controlar, mientras que no tenemos el control para cambiar a personas no confiables, ni siquiera a padres narcisistas. Profundizaremos en el proceso de aprender a confiar en uno mismo en la «Tercera parte: Sanar y liberarse».

Continuemos...

En el próximo capítulo, veremos qué implica la separación o individuación sana de un padre narcisista y cómo se ve frustrado el proceso al crecer en un sistema familiar disfuncional.

7

Represión del proceso
de separación-individuación

He aprendido a corta edad que debía esforzarme por conseguir la aprobación de mi madre narcisista. Debía gustarme lo mismo que a ella, involucrarme en lo que a ella le interesara, usar la ropa que ella quisiera e incluso comer lo que a ella le gustara. No podía ser yo misma. Ahora soy una rebelde; sin embargo, cuando estoy con mi familia, siempre vuelvo a ser como ellos querían que fuera. Odio tener cincuenta años y seguir preocupándome por lo que ella piense de mí. Quiero ser yo misma.

Mary, cincuenta años.

Cuando somos niños y dependemos del cuidado de nuestros padres, creemos que ellos lo saben todo. Aunque es normal, a medida que crecemos y conocemos el mundo, comenzamos a desarrollar nuestros propios pensamientos, opiniones, sentimientos, deseos y aspiraciones. El objetivo saludable de un padre es que su hijo se convierta en una persona independiente, que desarrolle su propia identidad única.

Sin embargo, en las familias narcisistas, las reglas son diferentes. Como le ha sucedido a Mary, los niños aprenden a encajar en el

molde establecido por sus padres. Aunque sea triste, se dan comportamientos aberrantes dentro de las familias narcisistas, de modo que
los hijos crecen pensando que son normales. Sufren mucha presión
para hacer lo que quieran sus padres y para ser quienes ellos quieran
que sean. Pero, para que un niño se convierta en un adulto sano, debe
liberarse psicológicamente de los lazos y reglas familiares y desarrollar su propia identidad. En circunstancias normales, la separación e
individuación comienza en la infancia temprana y termina cerca de
los treinta años, pero nunca es tarde para comenzar el proceso.

En este capítulo, exploraremos qué es la separación-individuación, por qué es importante y por qué es difícil para los niños criados
en familias narcisistas.

¿Qué es la separación-individuación?

La literatura sobre psicología explica la separación-individuación
como independización psicológica de los padres y desarrollo de la
identidad. Para convertirse en personas individuales, todos deben
atravesar este proceso, que nada tiene que ver con la separación física de la familia.

De acuerdo con el renombrado terapeuta familiar Murray Bowen,
un adulto puede evaluar su progreso en el proceso a medida que (1)
es menos reactivo a la dinámica familiar; (2) es más objetivo al observar la dinámica familiar; (3) es más consciente de los mitos, imágenes, distorsiones y triángulos[9] a los que estuvo ciego al crecer. En
sus palabras:

> La persona que tenga al menos la mínima capacidad de conver-
> tirse en observador y de controlar su reactividad emocional,
> conseguirá una habilidad que le será útil en toda clase de con-
> flicto emocional. La mayor parte del tiempo, podrá vivir su vida
> reaccionando con respuestas emocionales apropiadas y natura-
> les, pero consciente de que puede retirarse de la situación en

cualquier momento, controlar la reactividad y hacer observaciones que la ayuden a controlarse a sí misma y a la situación.[10]

Por mi parte, acostumbro a explicarlo a mis pacientes de la siguiente manera: Imagina que estás sentado en un teatro observando a los actores en escena. El reparto está formado por los miembros de tu familia y puedes ver a la distancia cómo cada uno representa su papel y sigue las reglas de la familia narcisista. Como tú no estás en escena, ya no te encuentras en medio del drama, así que puedes observar y comprender lo que sucede en tu familia sin quedar envuelto en su dinámica. Siendo observador, atestiguas las interacciones familiares y, por lo tanto, tu perspectiva y tus respuestas son más objetivas.

El propósito del proceso de separación-individuación es desarrollar y conservar un sentido de identidad tanto dentro como fuera de la familia. Se trata de «ser parte, pero estar aparte» al mismo tiempo. También es posible ilustrarlo con la siguiente imagen: imagina a la familia reunida en círculo con los brazos sobre los hombros unos de otros. Todos están entrelazados. Ahora imagina que todos bajan los brazos a los lados: la familia seguirá reunida en círculo, pero cada miembro tendrá una barrera invisible a su alrededor y no estará entrelazado con los demás. Cada persona es parte, pero está aparte de la familia al mismo tiempo.

Cuando una persona es capaz de alcanzar la separación psicológica de su familia narcisista, es libre de desarrollar su individualidad. En este capítulo, exploraremos ciertas trabas que reprimen el proceso de separación-individuación. Al comprenderlas, serás capaz de superarlas en «Tercera parte: Sanar y liberarse».

Ser ignorado o absorbido por el narcisismo parental evita la separación-individuación

Como hemos visto, un padre narcisista puede ignorar o absorber a los hijos. Aunque pueda parecer que cada estilo tendrá consecuencias diferentes, el impacto es el mismo. Ahondaremos en cada uno para comprender cómo reprimen el proceso de separación-individuación de los niños.

Padre o madre narcisista negligente

Si has crecido con un padre narcisista negligente, es probable que hayas dedicado tiempo y energía emocional a intentar ganar su atención, amor, aceptación y aprobación, y que hayas acabado con poca energía emocional o psicológica para ti mismo. Estabas tan enfocado en orbitar alrededor de tu padre o madre narcisista, en lograr que te notara y te cuidara que no has podido construir tu identidad.

Para Patricia, de cuarenta y seis años, ignorada por su familia narcisista, aún es un desafío desarrollarse como persona independiente de sus padres. En terapia, ha declarado lo siguiente:

> *Era difícil ser ignorada cuando era niña. Pero aún ahora que soy adulta, cuando puedo cuidarme y ya no los necesito para nada, soy yo quien debe llamarlos; ellos no me llaman para saber cómo me encuentro yo ni mi familia. Jamás preguntan por cómo estamos ni por mi trabajo. Sin embargo, si yo no los llamo con suficiente frecuencia, sin duda recibo una llamada, en general de mi padre facilitador, que solo dice «Seguimos vivos» y luego cuelga. Me provoca culpa y deja en claro qué debo hacer.*

Después de haberla ignorado toda la vida, su padre aún le transmite el mensaje de que su vida y las de sus hijos no son importantes. El único papel de Patricia para él y para su esposa es llamarlos a ellos. Como es de esperar, a Patricia le ha resultado difícil comenzar a prestarse atención a sí misma y a su propio desarrollo.

Los hijos de padres negligentes se enfrentan a una tristeza y confusión únicas al preguntarse si sus padres no los quieren o aman lo suficiente como para cuidar de ellos. Al no sentir el más mínimo amor por parte de quienes más debieron amarlos, no logran enfrentar el desafío de desarrollarse psicológicamente como individuos.

Padre o madre narcisista absorbente

Un padre o madre narcisista absorbente siempre le dice a su hijo qué pensar, en qué creer y quién debe ser. Si has crecido con un padre absorbente, nunca te han animado a ser una persona única y, por lo tanto, han inhibido el desarrollo de tu identidad. El narcisista ha controlado cada uno de tus movimientos.

Así sea con un padre o madre narcisista negligente o absorbente, el resultado es el mismo: no has tenido la oportunidad de crecer y convertirte en una persona individual mediante el proceso fundamental de separación-individuación que debe ocurrir durante la infancia.

En una familia sana, el padre adapta sus reacciones según evolucionan las necesidades de su hijo o hija, pues desea que desarrollen su propia independencia y autonomía. En palabras de Julie L. Hall: «El padre seguro y sensible es atento y flexible, involucrado e independiente, y alimenta la identidad en formación del niño como si fuera un jardín» [11].

Muchos hijos de narcisistas reconocen que sus padres los han ignorado en ocasiones y los han absorbido en otras, lo que ha generado aún más inconsistencia y confusión. Muchos pacientes son conscientes de si han sido ignorados, absorbidos o ambos.

Victor, paciente de cuarenta años, sabía que su padre encajaba en la descripción de narcisista absorbente:

Cuando era niño, sentía que no podía respirar. Mi padre estaba pendiente de todos mis movimientos, pensamientos o acciones. Era como si no fuera yo mismo, debía ser una réplica de él. De hecho, usaba frases como «Creemos esto, pensamos aquello, hacemos las cosas de este modo», ¡y no le daba tiempo a mi cerebro para pensar en lo que yo quería hacer o creer! A los cuarenta años, aún no sé quién soy.

Clara, de cincuenta años, cuya madre también era narcisista absorbente, ha declarado que su madre tomaba todas las decisiones, grandes o pequeñas, de modo que ella no podía hacer uso de su propio juicio ni actuar según sus deseos. Al recordar cómo su madre siempre controlaba sus decisiones, ha rememorado una situación muy reveladora: cómo era salir a comer con la familia. Al parecer, su incapacidad de separarse psicológicamente de su madre se ha extendido a que fuera incapaz de decidir qué quería comer:

Cuando el camarero entregaba la carta y tenía que tomar una decisión, siempre me dirigía a mi madre y le preguntaba: «¿Qué quiero comer, mamá?». Confiaba en que ella supiera lo que yo quería. Aun siendo adulta, se me dificulta tomar decisiones y suelo preguntarle a otras personas qué creen que es lo mejor para mí.

Trabas a la separación-individuación en hijos de familias narcisistas

Además de que un padre sea absorbente o negligente, ¿qué otra dinámica dificulta la separación emocional de la familia narcisista? Pensarás que de haber sido maltratado de niños, hubiera sido más fácil separarse de los padres y ser independiente, pero no suele ser el caso. Es muy difícil renunciar al deseo y a la esperanza de que la situación mejore (de que los padres cambien y se acerquen a la imagen ideal que tienen en tu mente y tu corazón). Muchos adultos siguen anhelando que todo cambie, rezan porque el siguiente año, cumpleaños o festividad sea diferente. Todos deseamos tener familias maravillosas y afectuosas y no es sencillo aceptar que nunca serán lo que deseamos.

Sin embargo, sí es posible convertirnos en quienes queremos ser. Veremos otras trabas psicológicas que evitan que el proceso de separación-individuación tenga un resultado positivo.

Quiero amor y aceptación

Si has crecido con falta de amor, aceptación y atención, es posible que hayas aprendido a buscarlos sin cesar. Quizás te hayas dicho: «Si saco mejores notas, si entro a una buena universidad o si hago lo que mi padre quiere, por fin me aceptará». No es fácil renunciar a lo que más quieres y, sin duda, mereces. Todos los niños merecen tener una persona que los ame con locura, y esa persona suele ser el padre o la madre, ¿cierto?

En mi experiencia, he visto que muchos hijos adultos de padres narcisistas se han vuelto sobreexigentes o «autosaboteadores» como consecuencia de la falta de amor. Algunos se esfuerzan en exceso en intentar conseguir el amor que desean; otros se rinden y se sabotean a sí mismos, conscientes de que sus esfuerzos nunca darán frutos. En mi primer libro, he llamado «Mary o Mark Marvel» a quienes se esfuerzan por demás y «autosaboteadores» (*self-saboteurs*) a quienes se rinden. Los primeros, los niños maravilla, no dejan de acumular logros para probar su valor; en cambio, los segundos se rinden, pues nunca han sido suficiente, así que ¿para qué? Ambos son hijos de padres narcisistas cuyo anhelo de amor y aceptación atrofia el proceso de individuación.

Cynthia, de cuarenta y dos años, me ha hablado de su deseo latente de que sus padres por fin se sientan orgullosos de sus logros y se alegren por ella. Por desgracia, esas esperanzas improbables tienden a obstaculizar los esfuerzos por separarnos de la familia narcisista. En un momento de la terapia, me ha dicho que deseaba que su lápida dijera «Lo intentó, lo intentó, lo intentó y luego murió». También ha detallado cómo sus esfuerzos por conseguir la aprobación de sus padres nunca la han ayudado a conseguir el amor que buscaba con desesperación:

Me esforzaba mucho. Era una niña buena, nunca me metía en problemas, ayudaba en casa y nunca me quejaba. No dejaba de aferrarme al deseo profundo de que mis padres se enorgullecieran de mí. Obtuve varios títulos de grado y me forjé una carrera exitosa como ingeniera. Sin embargo, mis logros solo resultaron en celos por parte de mi madre narcisista y en indiferencia por parte de mi padre facilitador.

En terapia, Cynthia ha comprendido que sus logros excesivos tenían el objetivo equivocado. No dejaba de buscar en vano la atención de sus padres. En consecuencia, le ha resultado difícil darse crédito a sí misma y enorgullecerse de la persona en la que se había convertido a pesar de sus padres.

Oscar, de cincuenta y cinco años, era un hombre que se saboteaba a sí mismo y jamás podía alcanzar los estándares que establecía su padre narcisista, «consigue un trabajo estable y bien pagado como el mío». En un principio, ha intentado seguir ese camino, pero ha fracasado por diversas razones y, al darse cuenta de que nunca podría cumplir con las exigencias de su padre, se ha rendido. En terapia, me ha dicho:

Me he rendido hace mucho tiempo. Recibo ayuda social, no puedo mantener a mi familia, tengo un historial de abuso de drogas y alcohol y, tristemente, ya no me importa. Era un fracaso a los ojos de mi padre y, ahora, también soy un fracaso a los míos.

Cynthia y Oscar, al igual que muchos hijos adultos de padres narcisistas, tienen dificultades para separarse psicológicamente de sus familias, pero de formas diferentes. Mientras que Oscar aún depende económicamente de sus padres, Cynthia sigue acumulando logros, pero es incapaz de enorgullecerse de ellos y cree que debe esforzarse más. Ambos deseaban ser vistos, escuchados, amados y aprobados por lo que eran, no por lo que hacían o dejaban de hacer, y han tenido reacciones extremas al no conseguirlo. Sus esfuerzos por resolver el problema de base los ha alejado de sí mismos y de su propio desarrollo personal.

Quiero arreglar a mi familia

La trampa de querer «arreglar» a la familia es un tema en común entre los hijos de narcisistas. Como ya hemos visto, en el núcleo narcisista aprendemos a ser codependientes porque debemos estar siempre atentos y disponibles para nuestros padres. En este contexto, muchos hijos, siendo adultos, creen poder enseñarles a sus padres a ser mejores y desean arreglar a la familia para que todos puedan ser más cercanos. Se trata de tener control, la idea es: «Si puedo solucionar esto y enseñarles, sentiré que tengo un poco de control de la disfunción y me dará esperanzas». Por supuesto, no podemos ser terapeutas de nuestras propias familias, de modo que el plan no suele funcionar.

Robin, paciente de treinta y seis años, ha crecido en una familia en la que existía violencia doméstica entre sus padres, tanto verbal como física. Durante años, ha intentado interponerse y detener el caos.

Solía intentar interponerme entre ellos y tranquilizarlos. Me daba mucho miedo, pero creía que, de algún modo, podría arreglarlo. Mi padre pegaba a mi madre y yo no podía tolerarlo. Hasta que, en una ocasión, me abofeteó tan fuerte que me hizo sangrar la nariz y así aprendí, por las malas, que sería incapaz de solucionar la locura de la situación.

Sean, de cuarenta y cuatro años, se convirtió en terapeuta y recuerda cómo ha intentado «arreglar» a su familia en el pasado, pero se ha rendido cuando su padre reaccionaba con palabras de resentimiento:

He fantaseado con ser terapeuta durante toda mi infancia. Me emocionaba llegar a la universidad y aprender terapia familiar,

con la idea de que, tal vez, podría ayudar a mis padres y herma-
nos. Sin embargo, a pesar de que amo mi trabajo y ahora soy ca-
paz de ayudar a otras personas, mis esfuerzos por tratar a mi
padre narcisista, a mi madre facilitadora y a mis hermanas han
sido una pesadilla. Era extraño, mi padre me llamaba con fre-
cuencia para preguntarme cómo tratar con mis hermanos menores
o su relación con mi madre y, pensando que hacía lo correcto, le
decía mi parecer, pero su reacción negativa llegaba de inmediato.
Me gritaba: «No me vengas con tu basura psicológica y, de todas
formas, ¿quién te crees que eres?». Finalmente, he aprendido a
decirle que no sabía qué responder.

Debo cuidar de mis padres

Con frecuencia, la individuación se inhibe por el mensaje arraigado
de que el hijo debe cuidar de los padres. Recordemos que en las
familias narcisistas la jerarquía se invierte, por lo que las necesidades
de los padres son la prioridad y los hijos aprenden que deben estar
allí para ellos. Sin dudas, esta dinámica interfiere con la capacidad
de los hijos de separarse psicológicamente de los padres.

Al crecer, Annie, de cincuenta años, ha aprendido que sus padres
no gestionaban bien las finanzas. Ambos trabajaban, pero gastaban
de más y, algunas veces, no pagaban las facturas de la casa. Como
suele suceder con los padres narcisistas, les preocupa más satisfacer
sus propios deseos que cuidar de la familia. A Annie siempre le ha
preocupado que no tuvieran dinero para comer o para ponerle gasolina al coche, así que, tan pronto como ha podido, ha conseguido un
trabajo para ayudar en la casa. Y aún después de mudarse, ha continuado enviándoles dinero a sus padres para asegurarse de que estuvieran bien.

Estaba tan acostumbrada a cuidar de mis padres que no me
percaté de que ese no era mi trabajo hasta que formé mi propia
familia. Trabajaba y seguía enviándoles dinero, hasta que mi

esposo me ayudó a ver que estaba mal y era injusto para mí y para nuestra familia. Lo más triste es que, cuando dejé de enviarles los cheques mensuales, mis padres dejaron de hablarme por completo. Yo ya no era importante para ellos.

Más adelante, descubriremos que, a pesar de haber crecido con el foco en nuestros padres, podemos aprender a enfocarnos en nosotros mismos de forma amorosa de una vez.

No me siento fuerte para trabajar en mí mismo

Las personas que crecen con abuso familiar emocional y psicológico suelen estar cansadas y agotadas emocionalmente. Por ejemplo, algunos pacientes han dicho frases como: «Puede que no haya un *yo* ahí dentro, ¿para qué molestarme?» o «Me he acostumbrado a sentirme así. Así son las cosas». Tristemente, es común oír a hijos adultos expresar que desean trabajar en su sentido de identidad, pero que no tienen la energía emocional para hacerlo.

Linda, de treinta y nueve años, llegó a la terapia deprimida y exhausta. Ha crecido con una madre narcisista y un padre facilitador y ha aprendido que su trabajo era cuidar de ellos, luego de sus parejas, de sus amigos e incluso de sus colegas. Cuando mencioné que quizás le gustaría cuidar de sí misma, respondió con irritación:

¿Está de broma? ¿Qué clase de terapia es esa? No tengo tiempo ni fuerzas para centrarme en mí misma, nunca los he tenido. ¿Quiere darme otra tarea? Todos necesitan algo de mí, pero no me queda nada. Apenas logro llegar al final del día con lo que ya tengo.

Con el tiempo, Linda ha llegado a comprender que el origen de su depresión y agotamiento era su familia narcisista, en la que estaba obligada a cuidar de las necesidades de sus padres y ha aprendido que ese era su rol en la vida. Pero ha aprendido a cuidar mejor de sí misma. Es una persona excepcional, especial y afectuosa y, cuando aprendió a dedicar parte de su amor a sí misma, floreció.

Es esperable que necesitemos ayuda, validación y aliento para trabajar en nuestro sentido de la identidad, en especial cuando no lo hemos tenido en nuestra familia de origen. En la siguiente parte del libro, trabajaremos juntos en esto.

El desafío de los padres ancianos

Cuando un hijo adulto es responsable de cuidar a sus padres ancianos, la individuación se convierte en un desafío mayor.

Ileana, de sesenta y dos años, fue la única hija de su madre narcisista y su padre facilitador. Después de la muerte del padre, la madre se volvió más exigente e intentó apoyarse por completo en ella, que trabajaba a tiempo completo. Ileana había estado trabajando el trauma familiar en terapia y había logrado grandes progresos en su recuperación; estaba aprendiendo a poner límites y a hacer solo lo que podía o quería hacer por sus padres. Sin embargo, cuando su madre enfermó y necesitó que alguien comenzara a tomar decisiones por ella, Ileana se sintió obligada a ayudar. Un día, llegó a su sesión exhausta y muy triste y me habló de lo que estaba pasando con el cuidado de su madre.

Siempre he temido que llegara este día. Mi padre ya no está y yo debo cuidar de ella, pero estoy muy cansada y no creo poder hacerlo. Al no tener hermanos, ahora soy la responsable de todo, tengo que llamarla a diario para ver cómo está, averiguar el estado de sus cuentas, pagar sus facturas y definir cómo llevarla a una residencia. Creo que es esperable en todas las familias, pero mi madre no valora nada, es exigente y controladora y critica todo lo que intento hacer para ayudarla. Me siento otra vez como una niña a la que critican y no aprecian. Había logrado que sus críticas dejaran de importarme, pero creo que he vuelto a caer. Después de verla, lloro durante días. Es como si mi recuperación se hubiera detenido y vivo con las emociones alteradas. La última vez que fui de visita, ¡me dijo que era mala y egoísta con ella! Después de todo lo que he hecho, fue algo muy difícil de digerir.

Luego de atravesar el proceso de individuación, cuidar de los padres ancianos es mucho más fácil, ya que somos menos reactivos y es menos probable que nos dejemos llevar por las reglas y exigencias de nuestros padres. Por supuesto que la decisión de cuidar de un padre o madre narcisista es muy personal y nadie puede aconsejarnos qué decidir. Un terapeuta querrá evaluar tu progreso en la recuperación para aconsejar qué es lo mejor para ti. He visto pacientes que habían progresado mucho, pero, como Ileana, han recaído en viejos hábitos por las exigencias de tener que cuidar a un padre narcisista anciano.

Cuando la herencia es un problema

Para muchos hijos adultos, la individuación es un problema porque temen las consecuencias económicas, incluso ser excluidos de la herencia de sus padres. Es un asunto difícil para algunas personas, en especial para quienes dependen de la herencia para sostener a un hijo con necesidades especiales o para pagar la universidad de sus hijos. La separación aún es alcanzable, pero las preocupaciones económicas pueden dificultarlo.

Danica, de cuarenta años, desea tener contacto mínimo indispensable con sus padres narcisistas y que sus hijos también lo tengan con los abuelos. Sin embargo, le resulta difícil porque es madre soltera de un hijo con necesidades especiales.

Mi padre falleció y mi madre tiene un legado importante que transmitir a mis hijos y nietos. No puedo trabajar, ya que debo quedarme en casa con mi hijo, así que necesito su ayuda económica tanto ahora como en el futuro. Vivo temiendo que se enfade y lo deje todo a mi hermana, que ni siquiera lo necesita. Pero me llama tres veces al día, está volviéndome loca. Estoy aprendiendo a poner límites, pero cuando se trata de ella, me da miedo qué hará si no le doy lo que necesita de inmediato.

Danica se encuentra en una disyuntiva que he visto muchas veces, cuya solución está en su trabajo de recuperación. Está aprendiendo a establecer límites sanos y a ser menos reactiva a las exigencias de su madre. Cuanto más avanza, más tranquila y sana es su forma de gestionar la situación.

Aún me involucran en triangulaciones

La triangulación de conversaciones es una forma de vida en las familias narcisistas. Puede estar tan naturalizado que no notes cuando te arrastran a una conversación que nada tiene que ver contigo; por ejemplo, cuando tu madre te dice que está muy enfadada con tu hermano en lugar de decírselo a él. O cuando tu padre facilitador te pide que guardes un secreto por miedo a que tu madre narcisista estalle de rabia. Si esto sucede, el proceso de separación-individuación se vuelve más difícil. Como veremos más adelante, debes aprender a poner límites y a hacerte a un lado de las triangulaciones.

Paul, de cincuenta años, está trabajando en su recuperación, pero aún recibe llamadas de su madre, en las que se queja de su hermana. El ser arrastrado al drama familiar hace que su proceso de individuación sea más lento.

Yo no soy el terapeuta familiar. Intento ayudar y dar consejos, pero mi día se va a pique porque le doy vueltas a sus problemas sin parar en lugar de trabajar en mi propia vida. Quiero decirle «Déjame fuera de esto», pero aún no he podido hacerlo.

Paul está aprendiendo a salir del triángulo; la clave es hacerlo con amabilidad y empatía. Por ejemplo, podría decirle a su madre: «Mamá, sé que es difícil para ti y lamento que tengas que pasar por eso, pero estoy trabajando y no puedo hablar ahora. Espero que puedas hablar con mi hermana sobre esto».

Aún me importa lo que mis padres piensen de mí

Una buena señal de progreso en el proceso de separación es llegar al punto de no preocuparse más por lo que los padres piensen de uno. Poder ser uno mismo, dejar de seguir las reglas familiares y de preocuparse por ser juzgados por los padres. Es importante resaltar que preocuparse por la opinión de los padres es la barrera principal que superar para lograr la separación psicológica y desarrollar la identidad individual.

La historia de Mara, paciente de cuarenta y dos años, ilustra lo difícil que puede ser para una hija adulta el dejar de depender de la opinión que sus padres tengan de ella.

Después de muchos años de buscar la opinión de mi madre para sentirme confiada y bien conmigo misma (así fuera sobre mi desempeño en un recital de violoncelo, para conseguir un trabajo responsable o aprobar un posible novio), creí haber llegado al punto de poder tolerar un comentario negativo o malintencionado. Pero me equivoqué. Le hablé sobre mi nuevo puesto de trabajo porque estaba muy orgullosa de mí misma, y todo lo que dijo fue: «¿Hasta cuándo crees que puedes seguir en ese trabajo sin futuro? Cuando tenía tu edad, ya estaba comenzando mi propio negocio». Siento que he vuelto al principio y estoy devastada por su opinión sobre mí.

Continuemos...

En este capítulo, hemos explorado las barreras que impiden la separación-individuación, que incluyen sentir la necesidad de arreglar a
la familia narcisista, ser cuidador de un padre narcisista anciano y
preocuparse demasiado por la opinión de los padres. Pero, aún en
una familia tóxica en la que estas barreras evitan el progreso, es posible aprenderlo durante la recuperación.

A continuación, veremos otro impacto de la crianza narcisista
que ha sorprendido a muchos de mis pacientes: el trastorno de estrés
postraumático complejo (TEPTC).

8

Falta de valía y TEPT complejo

He ido mucho a terapia y creo que he recibido un mal diagnóstico tras otro. Los terapeutas que he visto me han dicho que solo estaba deprimida o ansiosa, pero sé que es más que eso. No sé cómo explicarlo, pero lo que pasé con mi loca familia me hizo sentir incapaz de controlar mi propia vida. Y aún lucho con esa sensación, a veces casi tengo ataques de pánico.

Isabella, cuarenta y un años.

La percepción de Isabella es correcta, los hijos adultos de padres narcisistas suelen recibir diagnósticos equivocados. Llegan a terapia con síntomas de depresión y ansiedad o con problemas en sus relaciones, en donde les prescriben medicación para los cambios de humor, pero no exploran ni sanan sus historias traumáticas. A veces, se debe a que el terapeuta no investiga a fondo la historia familiar del paciente o a que no tiene la preparación necesaria para identificar los traumas infantiles que se originan en una familia narcisista. Y, en general, los propios pacientes no identifican que lo que han vivido en sus familias fue, de hecho, traumático. He oído a muchos pacientes declarar lo mismo que Isabella: han ido a terapia, pero el problema de origen nunca fue abordado.

Entonces, ¿qué sucede con pacientes en esta situación? Isabella habló de sentirse impotente a la hora de controlar su vida y mencionó que experimentaba algo cercano a ataques de pánico. Como veremos más adelante, es probable que muchos hijos adultos de familias narcisistas sufran de trastorno de estrés postraumático, ya que lo que han vivido en la infancia y continúan experimentando en la adultez es una clase de trauma.

En resumen: los hijos de padres narcisistas adoptan mensajes internos negativos y, por consiguiente, la percepción de su propia valía se ve dañada. Un historial de autonegación y de mensajes negativos, que minan la autoestima, contribuyen a una condición llamada trastorno de estrés postraumático complejo (TEPTC).

En este capítulo, veremos cómo la falta de valía en personas que han crecido en familias narcisistas puede llevar a un TEPTC.

Es importante reconocer que es difícil de creer que las experiencias de la infancia califican como «traumas». Esto se debe a que existe negación en las familias narcisistas, por lo que sus miembros reprimen o bloquean sus emociones. También vivimos con el mensaje cultural de honrar a nuestros padres y madres y nunca hablar mal de ellos, de lo contrario, seremos vistos como malos hijos o hijas. En otras palabras, hablar de traumas familiares puede ser un tema tabú. En terapia, muchos clientes reconocen sentirse culpables al mencionar experiencias de la infancia que, lejos de ser sanas o positivas, han sido abusivas. Los niños buenos no odian a sus padres, ¿no? Pero aquí no se trata de odiar ni de culpar a nadie, tan solo buscamos comprender la historia familiar y de dónde venimos para poder comenzar el camino de recuperación.

El significado de valía

Al crecer en una familia narcisista, aprendemos que somos valorados por lo que hacemos antes que por lo que somos, y es un mensaje dañino con efectos a largo plazo. El sentido del valor o valía propia no es lo mismo que la autoestima. La autoestima es la forma en que nos evaluamos a nosotros mismos en ciertas cosas que hacemos, de modo que podemos tener autoestima alta en ciertas áreas y baja en otras. Por ejemplo, los logros en nuestra carrera profesional elevan nuestra autoestima y, al mismo tiempo, lo que sentimos respecto a nuestro aspecto corporal puede causar baja autoestima. Todos tenemos fortalezas y debilidades y la mayoría nos sentimos bien en algunos aspectos y no tanto en otros. Entonces, la autoestima depende de qué parte de nosotros mismos estemos evaluando. Jack, por ejemplo, es exitoso en su carrera como vendedor y se siente orgulloso de sus logros, pero no tiene sentido del ritmo, como suele remarcar su novia, así que se siente mal por ser un mal compañero de baile.

En cambio, el sentido de valía propia está determinado por nuestra percepción de ser buenas personas y merecer ser amados y aceptados. Reconocer nuestro valor es algo interior que no está determinado por lo que otros piensan de nosotros ni por factores externos como nuestros logros. Tener un sentido firme de la propia valía implica saber que somos seres humanos valiosos más allá de lo que hagamos. Podemos cometer errores o fallar, pero con un buen sentido de la valía aún nos sentimos capaces de contribuir con la sociedad y dignos de felicidad, plenitud y amor. Aún nos sentimos merecedores de estas cosas. Nos vemos como *seres* humanos, no como *acciones* humanas.

A la cantante y actriz Ethel Waters se le atribuye la frase «Soy una persona porque Dios no crea basura» (*I am somebody because God don't make no junk* [12]); aunque no seas religioso, aún puedes creer que, a pesar de que cometas errores, sigues siendo una persona buena y valiosa.

Mark Twain también lo ha expresado muy bien: «Un hombre no puede estar cómodo sin su propia aprobación» (*A man can't be comfortable without his own approval* [13]). En términos simples, la propia valía es aceptarse a uno mismo más allá de nuestros logros, éxitos o fracasos. Mientras que muchas personas tienen problemas de autoestima, es más probable que los hijos de padres narcisistas

carezcan de un sentido de valor innato. Es similar a sentirse avergonzado, y afecta y daña el sentido de identidad.

Internalizar mensajes negativos

Si has crecido sin ser capaz de complacer a tus padres, es probable que hayas recibido el mensaje negativo «No soy lo bastante
bueno». Y si tu padre o madre narcisista no ha demostrado empatía ni te ha brindado nutrimento parental adecuado, podrías
haber aceptado el mensaje «No soy digno de que me quieran». Es
muy difícil borrar estos mensajes negativos porque llevan graba-
dos en tu mente durante mucho tiempo y, aunque tu ser adulto
sabe que esas creencias dañinas son incorrectas, tu niño interior
aún las cree ciertas. En consecuencia, te enfrentas a un sentido de
tu propia valía subdesarrollado mientras intentas comprender los
mensajes de desaprobación que has recibido de tus padres durante tantos años.

Muchas personas tienen críticos internos que les hablan sin cesar, pero los hijos de padres narcisistas reciben gritos constantes de
sus mensajes negativos internalizados. Los más frecuentes que escu-
cho por parte de mis pacientes son:

- No soy lo bastante bueno.
- No soy digno de que me quieran.
- No puedo confiar en mí mismo ni en los demás.
- Soy invisible.
- Estoy vacío por dentro.
- Soy un fraude.

Estos mensajes negativos tienen efectos adversos en el sentido
de la valía de los hijos, tanto niños como adultos. En la siguiente
parte de este libro, «Sanar y liberarse», aprenderemos a responder
a nuestros críticos internos, a eliminar los mensajes negativos y a

reemplazarlos por los mensajes positivos que queremos escuchar. Así, podremos recuperar el control y comenzar a sanar.

TEPT y TEPTC

El estrés postraumático es un trastorno de ansiedad resultante de una experiencia o herida traumática. La primera aparición del término se dio en el año 1980, en la tercera edición del *Manual diagnóstico y estadístico de los trastornos mentales* (*DSM-III* por sus siglas en inglés), publicado por la Asociación estadounidense de psiquiatría. Estaba asociado con los traumas de combate sufridos por los veteranos de la Guerra de Vietnam; antes de su publicación, dichos traumas solían ser descritos como «neurosis de guerra».

Con el tiempo, la definición de TEPT se ha ampliado para incluir otra clase de traumas, tales como violaciones, accidentes de tránsito, huracanes, tornados, abuso infantil, violencia doméstica y otros eventos temibles. Se asocia con situaciones únicas o de tiempo limitado en las que hay una exposición o riesgo de muerte o de heridas graves y que provocan síntomas de trauma. Genera recuerdos intrusivos de la situación, sueños perturbadores o pesadillas, imágenes recurrentes y reacciones psicológicas y fisiológicas al exponerse a eventos similares. Una persona que padece TEPT podría:

- Evitar situaciones que le recuerden el evento traumático.
- Ser incapaz de recordar ciertos aspectos del evento.
- Presentar distorsiones cognitivas, tales como culparse a sí misma.
- Mostrar desinterés en actividades.
- Volverse distante de los demás.
- Ser incapaz de experimentar emociones positivas.

También pueden presentarse dos o más de los siguientes comportamientos:

- Comportamiento irritable y brotes de furia.
- Comportamiento autodestructivo.
- Hipervigilancia.
- Reacciones de alarma exageradas.
- Problemas de concentración.
- Problemas para dormir.

En el *Manual diagnóstico y estadístico de los trastornos mentales*[14] podrás encontrar una explicación completa de la definición clínica del trastorno de estrés postraumático.

Entonces, ¿qué es el TEPTC o trastorno complejo? En algunos casos, una persona experimenta trauma crónico que se entiende por meses, años o toda su infancia; cuando se extiende en el tiempo, como en el caso de las familias narcisistas, el trastorno se vuelve complejo, lo que implica que involucra múltiples factores que requieren tratamientos diferentes. El término TEPTC fue acuñado en 1988 por Judith Herman, profesora de Psiquiatría de la Universidad de Harvard y experta de renombre en estudios de estrés traumático.

Quienes padecen de trastorno complejo luchan con síntomas tales como: problemas para regular las emociones, la imagen negativa de sí mismos, dificultades para entablar relaciones sanas o la desconexión de su sistema de creencias, entre otros.

Las siguientes listas nos ayudan a diferencias entre TEPT y TEPTC. Los síntomas de estrés postraumático suelen encajar en tres categorías:

1. Revivir síntomas en imágenes recurrentes, pesadillas, recuerdos vívidos o, incluso, en recuerdos de imágenes, aromas o sonidos relacionados al trauma.
2. Sentirse en guardia, como si hubiera una amenaza que provoca hipervigilancia, reactividad o nerviosismo.
3. Evitar cosas que recuerden el trauma.[15]

El estrés postraumático complejo suele incluir síntomas adicionales tales como:

1. Sentirse despreciable y culparse del trauma.
2. Se disparan emociones más intensas.
3. Dificultad para confiar en los demás, lo que afecta las relaciones. [16]

De acuerdo con un artículo escrito por colaboradores editoriales de WebMD, con revisión médica del doctor Dan Brennan, los factores de riesgo para el TEPTC incluyen las siguientes clases de trauma crónico:

- Sufrir abuso o negligencia infantil.
- Sufrir violencia doméstica duradera.
- Ser víctima de tráfico humano o trabajo sexual obligado.
- Ser víctima de secuestro, esclavitud o tortura.
- Ser prisionero de guerra.
- Ser testigo de repetidos actos de violencia.
- Sufrir traumas múltiples.
- Sufrir un trauma a corta edad.
- Sufrir un trauma duradero.
- Sufrir abuso por parte de un familiar cercano o amigo.
- Estar atrapado y no tener esperanzas de que cambie. [17]

Muchos de estos indicadores se aplican a hijos de padres narcisistas: abuso o negligencia infantil, violencia doméstica (o atestiguar actos de violencia doméstica), traumas múltiples, trauma a corta edad, trauma duradero (suele durar toda la infancia), abuso de un familiar cercano y no tener esperanzas de cambio (ser demasiado joven para tener esperanzas y sentirse atrapado dentro del sistema familiar al depender de los padres).

El colapso

Cuando un hijo adulto de padres narcisistas revive un trauma del pasado por una experiencia similar, la situación puede funcionar como detonante y causar una reacción al TEPTC. Llamo «colapso» a esta reacción y, cuando sucede, se nota como una regresión al pasado, cuando ocurrió el trauma. Los recuerdos hacen que la situación se sienta más amenazante de lo que es.

La sensación de colapso puede ser breve o durar varios días, y a veces llega casi a paralizar emocionalmente a la persona. Aunque es una crisis aterradora, presenta una oportunidad para comenzar a entender mejor la dinámica del TEPTC y a sanar de una vez y para siempre.

Roberta, de cuarenta y siete años, tenía un padre narcisista que carecía de límites firmes respecto a los espacios físicos o emocionales. Aunque no era un abusador sexual, hacía comentarios sugerentes acerca del cuerpo de Roberta cuando era niña o adolescente. También criticaba sin parar a quienes tuvieran traseros grandes o figuras imperfectas, lo que incluía a Roberta si no estaba en forma. En terapia, declaró que nunca ha superado el dolor de sus comentarios crueles:

> *Hoy estoy casada con un hombre fantástico al que amo mucho. Es muy afectuoso y eso me gusta. Pero a veces hace cosas como pasar junto a mí y darme una palmada en el culo, y de inmediato reacciono con alarma, un brote de rabia y comienzo a gritarle. No tiene malas intenciones, pero me recuerda a mi padre y pienso que no debo estar lo bastante delgada, no me veo bien con esos vaqueros o en lo que sea que lleve puesto. Sé que es una reacción exagerada, pero es un detonante que me devuelve a la infancia.*

El trauma vigente de la infancia de Roberta, cuando fue cosificada e insultada por su padre, revive cuando su esposo amoroso y bienintencionado la toca de alguna forma en particular. A pesar de ser consciente de que su reactividad, su colapso emocional, es una reacción exagerada, el miedo y la rabia por su experiencia traumática con su padre siguen presentes. Las emociones fuertes que no se condicen con la situación y el efecto que tiene en su matrimonio son ejemplos de su estrés postraumático complejo. Es consciente de su reacción, pero es incapaz de regular las emociones que la acompañan. En terapia, se ha culpado a sí misma y no solo se ha sentido mal por su esposo, sino también por ella.

Cory, paciente de cuarenta años, me habló de que su jefa es un detonante que le recuerda a su madre narcisista:

> *Mi jefa es capaz de alterarme en un segundo. Es igual que mi madre, que no podía hacer críticas amables y constructivas. No me importaría que me diera consejos para ayudarme, pero lo que hace es acercarse, arrojar papeles sobre mi escritorio y decir cosas como: «¿En qué estabas pensando?». Esta semana, de hecho, me ha dicho: «¿Eres estúpido o qué?». Esas situaciones me hunden semanas completas y me dejan pensando que soy un inútil. Me castigo pensando en eso sin parar, paso días enfadado, me desfogo con mi esposa y, a veces, ni siquiera puedo dormir.*

Algunos pensarán que la reacción de Cory a las exigencias de su jefa es extrema, pero es característica de un colapso traumático. El hecho de que sufra las consecuencias durante una semana, que rumie, se enfade, se castigue y no pueda dormir, apunta a una realidad subyacente de la que está muy al tanto: haber crecido en una familia narcisista con una madre hiriente y crítica sigue afectándolo emocionalmente.

El efecto dominó

Suelo explicar la detonación del TEPTC y el colapso que lo sigue usando fichas de dominó en la mesa de mi oficina. Dispongo varias fichas paradas en fila, luego imagino con el paciente que la fila es su vida hasta el momento y que cada ficha representa un trauma de la infancia. Luego hablamos del detonante más reciente que experimentó el paciente y colocamos una ficha más delante de la fila. Si los traumas representados por las otras fichas no fueron resueltos, el nuevo detonante puede provocar un colapso que se siente mucho mayor al evento en sí mismo. Con esta demostración simple, el paciente comprende cómo un nuevo suceso ha despertado recuerdos de traumas pasados.

Muchos adultos son conscientes de que han tenido reacciones exageradas a eventos en el presente, pero hasta que no comprenden que esos eventos dispararon una respuesta al TEPTC, no entienden esas reacciones. Suelen referir que sienten que están locos y que los demás les dicen que actúan como locos.

Marjorie, de treinta y dos años, me ha dicho:

Hace poco estaba tomando un café con una amiga y con su hermana, a quien no conocía. Mientras nosotras conversábamos, su hermana apenas dijo una palabra y me miró de forma extraña. No tenía ni idea de qué le pasaba y me pregunté si había dicho algo que la ofendiera. Después de unos diez minutos, la chica se levantó para marcharse, entonces le dije que había sido un placer conocerla, a lo que respondió: «No sé qué ve mi hermana en ti, pero venga, disfrutad vuestro café». Me desbordó oír un comentario insultante de alguien que ni siquiera me conocía. Pero... aún siento que fue un golpe en las entrañas que me duró días. ¿Por qué dejé que el comentario inapropiado de una desconocida me alterara tanto?

En terapia, Marjorie ha comprendido que ese incidente le ha recordado a sus años junto a su madre narcisista, en los que intentaba complacerla, hacer lo correcto y ser siempre buena y amable, pero, de todas formas, acababa golpeada, porque nunca era lo suficientemente buena para su madre. El colapso que ha sufrido después de conocer a la hermana de su amiga ha sido un «golpe en las entrañas» que revivió heridas de su infancia, fue por eso por lo que le ha costado varios días recuperarse de un comentario un tanto inapropiado.

Eldon, de cuarenta años, hablaba con frecuencia de que, al crecer, se ha sentido como una carga para sus padres. Su madre narcisista estaba tan centrada en sí misma que cualquier pregunta o necesidad de Eldon hacía que lo rechazara con irritación. Mientras que su padre facilitador dejaba la crianza en manos de la madre. Cuando Eldon llegó a terapia, siempre se disculpaba conmigo por robarme mi tiempo, por ser demasiado dramático o por darme demasiada información que procesar. Por supuesto que le he asegurado que de eso se trataba la terapia, que era mi trabajo y no debía preocuparse por mí. Un día, llegó a su sesión con la siguiente historia:

Me siento estúpido. He estado tan ocupado con el trabajo que se me ha olvidado poner gasolina en el coche. Me he quedado sin combustible en medio de una autopista de camino al trabajo. He entrado en pánico y llamado a mi novia para que fuera a ayudarme. Sé que hubiera ido de haber podido, pero debía llevar a sus hijos a la escuela y luego ir a su trabajo. No podía ayudarme en ese momento, era comprensible. Sin embargo, me he pasado días disculpándome con ella porque siento que he sido una carga por haberle pedido ayuda. ¿Por qué no puedo dejármelo pasar? ¿Y por qué sigo rumiando el haberle pedido un favor?

Hemos logrado conectar los puntos al descubrir que su sensación de ser una carga para su novia lo ha retrotraído a su infancia, cuando creía que era una carga constante para sus padres. Su colapso consistió en ser incapaz de dejar de castigarse por algo tan simple como haberle pedido ayuda a su novia. A pesar de saber que su novia no estaba molesta porque le hubiera pedido que lo recogiera, el evento ha detonado una reacción al TEPTC. Comprender el detonante lo ha ayudado a aliviar la culpa y dejar de rumiar. Luego le ha llevado un tiempo confiar en que su nueva novia no lo rechazaría si necesitaba algo de ella como habían hecho sus padres. De todas formas, Eldon terminó la relación unos meses después, porque vivía disculpándose y culpándose por todo lo que salía mal. Entonces, decidió que necesitaba resolver mejor sus reacciones intensas a los detonantes de la infancia antes de ser capaz de tener una relación sana.

Sueños recurrentes

Las pesadillas son frecuentes en personas que sufren de TEPT, pero también he notado la presencia de sueños recurrentes en pacientes con TEPTC. En general, un sueño recurrente representa un problema emocional no resuelto, al que la mente inconsciente procesa durante el sueño. Es importante seguir el rastro de estos sueños para poder tratar el tema en terapia o recuperación.

Katie, de cuarenta y dos años, ha relatado un sueño recurrente que no comprendió hasta que lo discutimos en sesión:

> *Casi todas las noches sueño que intento vestirme para salir, pero la ropa no me va o no logro encontrar el atuendo adecuado. Todo se mueve en cámara lenta, y no dejo de oír una voz desde el corredor que dice, «vamos, date prisa, ¡es hora de irnos!». Pero no logro apresurarme lo suficiente por mucho que lo intente.*

Cuando lo tratamos en terapia por primera vez, Katie se ha preguntado si podría ser la voz de su esposo la que le decía que se diera prisa, como lo hacía a veces en la vida real. Pero luego ha revelado algo importante respecto a cómo se sentía en el sueño; dijo que parte de ella no quería hacer lo que la voz quería que hiciera. En cierto modo, disfrutaba de la cámara lenta. Así que, ¿sería posible que lo que quisiera fuera que las cosas se ralentizaran, ignorar la voz y no ponerse la ropa que se estaba probando? Cuando lo sugerí, sonrió y luego dijo:

Quizás, la voz del pasillo era mi verdadero yo, diciéndome que fuera yo misma, que era suficiente, así como estaba. Quizás intentaba procesar mi trauma de «no ser lo bastante buena».

Gran parte del trauma de Katie en su familia de origen era el mensaje de que no era bueno ser auténtica. Ha recibido ese mensaje aun después de la infancia: sonríe, sé feliz y vete bien siempre, sin importar lo que te esté pasando. Seguir el mandato de ocultar sus emociones reales y nunca decir nada negativo ni problemático ha sido un gran trauma para Katie, que, junto con otras repercusiones de haber crecido en una familia narcisista, ha sufrido de TEPTC durante décadas. El sueño recurrente que describió la ha atormentado durante más de veinte años desde que dejó la casa de sus padres. Hemos hablado de que sus padres nunca la han valorado por lo que era como persona y de que, en el proceso de recuperación, podrá reconstruir su propio sentido de valor.

Gabe, de cuarenta y ocho años, ha tenido un sueño recurrente en el que se esforzaba por limpiar y organizarlo todo y en el que no encajaba con las personas que veía.

En mis sueños, siempre intento ponerlo todo en orden y me da ansiedad no poder lograrlo. Hay muchas personas con las que no encajo, pero siempre intento limpiar y organizar sin llegar a ningún lado. Luego me despierto ansioso y frustrado.

En terapia con Gabe, hemos hablado de lo que podía representar la falta de organización en su sueño. Muchos elementos se asemejaban a las dificultades que ha afrontado con su familia narcisista y ha recordado muchas instancias de caos emocional. Siempre estaba intentando arreglar las cosas y hacer felices a sus padres, y era el designado para hacer demasiados quehaceres para su edad. Por supuesto que nunca se ha sentido capaz de lograr nada de eso en realidad; en vez de eso, siempre se ha sentido ansioso y mal consigo mismo.

Más adelante, también ha descubierto que su sueño tenía relación con su desorganización interna y con cómo su obsesión hipervigilante con la organización era un esfuerzo por descubrir quién era y qué quería hacer con su vida. Su padre narcisista lo ha controlado tanto, insistiendo en que siguiera un camino preestablecido hacia el éxito, que nunca ha tenido la capacidad de desarrollar un sentido fuerte de valía ni de decidir cómo organizar su propia vida.

El sueño recurrente también era un reflejo de la sensación de inseguridad de Gabe. Su falta de seguridad tenía muchos componentes complejos, pero el principal era su temor constante por cometer un error y que todo en su vida se desmoronara.

Comprender la relación de los diferentes aspectos del sueño con su crianza en una familia narcisista ha ayudado a sentar las bases para iniciar su proceso de recuperación.

Jane Marie, paciente de veinticinco años, tenía el sueño recurrente e inquietante de perder su bolso:

Soñaba casi cada noche que perdía mi bolso. En el sueño, moría de pánico porque, de hecho, es uno de mis mayores temores. Pienso en todo lo que tengo en mi bolso y en la pesadilla que sería reemplazarlo. De todas formas, el pánico del sueño era mucho peor que mi temor real a perder todo lo que tenía en mi cartera.

En nuestras sesiones, Jane Marie ha analizado la pérdida de la bolsa en su sueño y ha concluido en que simbolizaba su miedo, no de perder la cartera, sino a la inseguridad. Al haber sido descuidada y desprotegida por sus padres narcisistas, ha aprendido a cuidar de sí misma económicamente, pero ha desarrollado problemas de seguridad internos. A medida que crecía, siempre ha sentido que si algo malo sucedía, no tenía en quién apoyarse. No podía contar con que sus padres estuvieran para ella en momentos de necesidad emocional. Al final, ha llegado a la conclusión de que la «pesadilla» que más le preocupaba era su vacío interior, no la desaparición de su bolsa.

Repercusiones físicas del TEPTC

Cuando el trauma se aloja en el cuerpo, puede tener repercusiones físicas que podemos evidenciar en muchos hijos adultos de padres narcisistas. Algunos muestran síntomas asociados con el TEPTC y otros desarrollan patologías clínicas.

El doctor Bessel van der Kolk es un psiquiatra e investigador que ha estudiado el trastorno de estrés postraumático y ha escrito el libro récord de ventas *El cuerpo lleva la cuenta*. En él, describe los efectos del trauma duradero en el cuerpo, tales como los que se presentan con el TEPTC. Cuando el cuerpo se encuentra en constante estado de hiperalerta e hipervigilancia, tiene dificultades para regularse. El doctor van del Kolk lo explica diciendo que, en circunstancias ideales, el sistema hormonal de estrés nos brinda respuestas inmediatas ante amenazas y luego recupera el equilibrio enseguida. En cambio, en pacientes que padecen estrés postraumático, el sistema no logra recuperar el equilibrio. Las señales de defensa continúan aún después de que el peligro haya pasado, y la secreción de hormonas de estrés continua se expresa en estrés y pánico que, a largo plazo, dañan la salud.[18]

Muchos adultos con los que he trabajado han manifestado varias afecciones médicas, tales como enfermedades autoinmunes, problemas estomacales como síndrome de colon irritable, migrañas, artritis u otros dolores. También me han dicho que sus afecciones suelen ser minimizadas o pasadas por alto por los médicos y, por consiguiente, los traumas emocionales subyacentes permanecen sin tratamiento.

En su artículo titulado «La neurobiología del trauma» (*The Neurobiology of trauma*), Arielle Schwartz explica el rol del sistema nervioso central en nuestras respuestas emocionales y fisiológicas al estrés y al trauma.

El sistema nervioso autónomo (SNA) cumple un papel importante en nuestras respuestas emocionales y fisiológicas al estrés y al trauma. Se entiende que el SNA comprende dos sistemas primarios: el sistema nervioso simpático y el parasimpático. El sistema simpático se asocia con la reacción de lucha o huida y con la descarga de cortisol en el torrente sanguíneo. El sistema nervioso parasimpático le pone un freno al sistema simpático, de modo que el cuerpo deje de liberar químicos de estrés y se relaje, digiera y regenere. Ambos sistemas deben trabajar en un ritmo de alternancia que favorezca la digestión y el sueño sanos y el funcionamiento del sistema inmune.[19]

Podemos ver cómo el estrés y el trauma duraderos expresados como TEPTC interfieren con el equilibrio emocional y fisiológico sano. Es por eso por lo que, cuando alguien experimenta un detonante, también aparecen síntomas físicos como vómitos, temblores incontrolables, dolor de espalda o de cuello, problemas graves de digestión o fatiga inexplicable.

Trauma y desarrollo cerebral

Las investigaciones han demostrado la que es, quizás, la peor repercusión del TEPTC: las experiencias traumáticas, el abuso y la negligencia tienen efectos adversos sobre el desarrollo cerebral de los niños. A medida que el niño madura, su cerebro en desarrollo cambia para adaptarse al entorno. El doctor Bruce Perry, reconocida autoridad internacional en desarrollo cerebral y niños en crisis, ha hecho investigaciones pioneras en el área que demuestran que el cerebro infantil se desarrolla en secuencia, al igual que otros aspectos físicos. El doctor Perry detalla que el cerebro sensible de un niño es maleable, lo que explica por qué los eventos traumáticos de su vida, en especial cuando es más pequeño, podrían alterar la estructura cerebral.[20]

Se ha escrito gran cantidad de trabajos acerca de la relación del trauma con el desarrollo del cerebro y, aunque no puedo decir que sea experta en el área, la investigación me ha impactado. Según un artículo que hace referencia a la investigación del doctor Perry, titulado «Cómo afecta el trauma al desarrollo del cerebro» (*How Trauma Affects Child Brain Development*):

Cuando hay experiencias traumáticas, los caminos más usados son los que responden al trauma, y esto reduce la formación de otros caminos, necesarios para el comportamiento adaptativo. El trauma en edad temprana puede resultar en apego interrumpido, retrasos cognitivos y regulación emocional alterada.[21]

Continuemos...

En esta segunda parte, hemos explorado el impacto de la crianza narcisista en los niños. Sé que la información y las historias presentadas son mucho que procesar; el material puede ser abrumador y, en ocasiones, puedes perder la esperanza. Pero siempre hay esperanzas y posibilidad de recuperación, dos cosas muy importantes. Te invito a ser un adicto a la esperanza conmigo... Juntos podremos sanar y trabajar en la recuperación.

En la tercera parte comenzaremos el camino liberador de recuperación de lo que has vivido en tu dinámica familiar narcisista de origen.

Tercera parte

Sanar y liberarse

La libertad es lo que haces con lo que te han hecho.

—Jean-Paul Sartre

Introducción a la tercera parte

Felicidades, ya estás listo para iniciar el trabajo de recuperación. En la primera parte de este libro, hemos analizado las dinámicas de una familia narcisista. En la segunda parte, hemos explorado el impacto de la crianza narcisista.

La buena noticia es que es posible superar los daños psicológicos y emocionales que has sufrido al crecer en una familia narcisista. Para ello, presentaré el modelo de recuperación de cinco pasos que he usado con éxito para mí misma y en cientos de pacientes y participantes de mis talleres.

En esta tercera parte, abordaremos a fondo cada uno de los cinco pasos para que te sientas cómodo al avanzar. Cada capítulo incluirá ejercicios de experimentación, de movimiento físico, de visualización y de escritura para facilitar el proceso. Esta es la parte práctica del libro. Creo con firmeza que al ofrecerte soluciones y abordajes activos para trabajar con la experiencia de una familia tóxica, estarás preparado para superar el legado de amor distorsionado.

Como hijo adulto de un padre narcisista, estarás acostumbrado a que el foco esté en tu padre o madre, mientras que tú eres invisible o sujeto a los deseos y necesidades del narcisista. La mejor parte de este proceso de recuperación es que, por fin, podrán poner el foco en ti.

Antes de empezar, hay algunos principios a tener en cuenta:

- **Poner el foco en ti y en tu trauma no te hace egoísta.** Hay quien dirá que es egoísta o egocéntrico dedicarse a sí mismo y al proceso de entender su propio trauma. En realidad, es muy importante que el foco esté en ti durante los cinco pasos del modelo de recuperación, ya que sanar y cuidarte mejorará tu capacidad de llevar una vida más saludable y de disfrutar de relaciones más sanas.

- **Emprender el proceso de recuperación no implica que seas una víctima.** Con frecuencia, mis pacientes inician el proceso con reticencia, pues temen verse encasillados en la mentalidad de víctimas. Dejémoslo claro: en un principio, tienes derecho a sentirte como una víctima, ya que has llegado a comprender que te han dañado en tu infancia y has identificado en qué debes trabajar. Para que la recuperación avance, el niño interior herido necesita reconocimiento y validación. Sin embargo, te aseguro que, sin duda, al terminar los cinco pasos no te sentirás como una víctima, sino como una persona más auténtica, desarrollada y plena.

- **Es importante seguir el orden de los cinco pasos.** Hay una razón para que los cinco pasos tengan un orden para ser efectivos. Para que cada uno de ellos sea beneficioso, el anterior debe haber sido completado. Puede que tengas que regresar y trabajar más sobre un paso previo, pero es importante que completes un paso a la vez. Sugiero leer primero toda la «Tercera parte» para tener una idea más clara de lo que implica este proceso. Luego puedes retroceder y seguir los ejercicios.

- **La recuperación es un trabajo interior.** Te aconsejo no empezar terapia familiar hasta no haber terminado con tu propio proceso de recuperación. Después de completar los cinco pasos, tendrás una estructura mental más fuerte para intentarlo, si decides hacerlo. En general, la terapia familiar con un narcisista no tiene éxito, pero según la extensión del narcisismo, algunas familias podrían verse beneficiadas.

- **Tu historia familiar no es un tabú.** Muchos adultos se sienten culpables al discutir y procesar lo sucedido en sus familias de origen. Pero examinar el pasado es necesario para entender quiénes somos, de dónde venimos y qué nos ha sucedido. Así determinamos cómo sanar y en qué necesitamos trabajar. Repasar y comprender la dinámica familiar con la que has crecido no te hace un mal hijo, sino que te ayuda a convertirte en tu ser auténtico. Es una forma normal de tratar con una situación anormal.

- **Confía en tus sentimientos.** Esto es importante porque muchos hijos de padres narcisistas crecen dudando de sí mismos, incapaces de confiar en sus percepciones de la realidad. Es posible que hayas sufrido *gaslighting* y que te hayan tachado de loco, de modo que tu capacidad de confiar en lo que sientes ha quedado inhibida. Trabajaremos para fortalecerla, pero es importante ser consciente de que un historial de dudar de uno mismo es un desafío difícil de superar.

- **Lleva un diario.** Siempre les aconsejo a mis pacientes que lleven un diario especial para los cinco pasos de su recuperación, en el que registrarán todo el trabajo de sanación en un solo lugar. Tener el diario, que puede ser una carpeta especial en el ordenador, te ayudará a retroceder y ver lo lejos has llegado en el proceso. También te será de ayuda si trabajas con un terapeuta.

- **Trabaja en recordar y describir tu historia social.** Dedicar tiempo a recordar la historia social desde el nacimiento hasta el presente ayudará a tener una comprensión más completa de tu historia de vida. A continuación, encontrarás una lista de preguntas y enunciados generales que te ayudarán a empezar el proceso. Tenla junto con tu diario. No es necesario que la completes antes de seguir los cinco pasos, puedes hacerlo a medida que avances.

Tu historia social

Estos son algunos puntos generales que puedes considerar y documentar en tu diario:

1. ¿Dónde has crecido? ¿En qué clase de ciudad, pueblo y vecindario?
2. ¿Tus padres estaban juntos o separados?
3. ¿Cómo se llaman tus padres y a qué se dedican?
4. ¿Cómo se llaman tus hermanos y qué edades tienen?
5. ¿Cómo era tu relación con tu madre?
6. ¿Cómo era tu relación con tu padre?
7. ¿Cómo era tu relación con tu madrastra o padrastro si los has tenido?
8. ¿Cómo era tu relación con tus hermanos?
9. ¿Cómo era ser hijo único si ha sido el caso?
10. ¿Qué se te viene a la mente al pensar en los primeros años de tu infancia?
11. ¿Qué se te viene a la mente al pensar en los años de escuela primaria?
12. ¿Qué se te viene a la mente al pensar en tu adolescencia?
13. ¿Qué se te viene a la mente al pensar en tu adultez?
14. ¿Cómo han sido tus primeras relaciones amorosas?
15. ¿Has tenido otros traumas de la infancia, además de la disfuncionalidad familiar?
16. ¿Cómo era la situación económica de tu familia?
17. ¿Cuáles sientes que han sido los mensajes principales que te han dado tus padres?
18. ¿Qué papel has tenido en tu familia?
19. ¿Quiénes han sido tu apoyo mientras crecías (tíos, tías, abuelos, maestros, amigos)?

20. Describe la presencia (o no) de drogas o alcohol en tu familia.

21. Describe comportamientos criminales en tu familia.

22. Describe la existencia (o no) de enfermedades mentales en tu familia.

23. Describe accidentes, problemas médicos o fallecimientos tempranos en tu familia.

24. ¿Tu familia se mudaba con frecuencia? Si lo hacía, descríbelo.

25. Si uno de tus padres era narcisista, ¿el otro era facilitador?

26. Describe los comportamientos negligentes o absorbentes de tus padres.

27. Describe si todos los niños de la familia recibían o no el mismo trato.

28. ¿Puedes identificar al chivo expiatorio, el favorito o al niño perdido en tu familia? ¿Eras uno de ellos?

29. ¿Has tenido problemas psiquiátricos graves, diagnósticos o internaciones psiquiátricas? Descríbelo.

30. ¿Buscas logros excesivos, te autosaboteas o ambas?

Con estos temas en mente, avancemos hacia el trabajo de recuperación. Iniciaremos con el primer paso: la aceptación, el duelo y el proceso del trauma.

9

Primer paso: Aceptación, duelo y proceso del trauma

Una vez que acepté que mi padre tenía un trastorno que afectaba a toda la familia, ha sido más fácil seguir adelante y procesar el trauma. En un principio, no quería hacerlo porque siempre me daba falsas esperanzas de que mi padre cambiara. «Quizás en mi cumpleaños sea diferente. Quizás esta vez, cuando le hable, me entienda». Pero ahora creo que hay poder en aceptar la verdad de una vez.

Bernie, treinta y ocho años.

Aceptación

El primer paso de la recuperación es aceptar que tu padre o madre tiene un trastorno narcisista, lo que implica que ha sido incapaz de brindarte el amor, nutrimento, empatía, guía y cuidado incondicionales que necesitabas en tu infancia. No ha podido cubrir tus necesidades emocionales y eso te ha provocado una sensación de abandono y orfandad emocional. Una vez que hayas aceptado esta difícil realidad, podrás empezar el trabajo de sanación.

Jerome, de treinta y cinco años, me ha hablado de su dificultad para aceptar la verdad acerca de su padre narcisista y su madre facilitadora, en especial cuando pensaba en que sus hijos crecerían sin el amor de sus abuelos:

> *Al iniciar la recuperación, pronto me impactó pensar en que tenía tres hijos que no contaban con abuelos afectuosos, y eso evitó que aceptara la situación por un largo tiempo. Deseaba que mis hijos tuvieran buenos abuelos y me hacía sentir muy mal que no fuera así. ¿No podía hacer algo al respecto? Pero cuando mis padres estaban con sus nietos, pasaban un momento de éxtasis y luego los olvidaban por completo. Estaban demasiado enfrascados en sí mismos como para prestarles atención o interesarse en alguien más. Mi trabajo en recuperación fue para mí y para mis hijos, pero debo admitir que la aceptación me llevó tiempo, pues quería creer que mis padres serían diferentes con sus nietos de lo que fueron conmigo.*

¿Por qué la aceptación es tan difícil? Esto se debe a que, como hemos visto antes, la negación es gran parte del sistema familiar narcisista, y los hijos, ni siquiera siendo adultos, quieren renunciar a la esperanza de que las cosas mejoren. Tal como lo han descrito Bernie y Jerome, tendemos a seguir deseando que nuestra relación con nuestros padres cambie. Todos queremos ser parte de una familia amorosa y cálida y, si nunca la hemos tenido, es difícil aceptar la realidad. También es posible caer en la idea codependiente de que, tal vez, mejoraremos el comportamiento de nuestros padres siendo mejores hijos o hijas o teniendo más logros para que se enorgullezcan de nosotros y nos amen como anhelamos que lo hagan.

Es fácil decir: «Han hecho lo que han podido» y dejarlo ir. Quizás nuestros padres sí han hecho lo mejor posible con lo que han tenido, pero eso no elimina el trauma que nos han causado. Sin embargo, muchas veces no han hecho todo lo que han podido con lo que han tenido; de hecho, han sido abusivos en muchos aspectos. Como adultos, suelen decirnos: «Supéralo de una vez… Deja el pasado atrás». Pero sabemos que así no es como funciona. El trauma sigue presente; hemos sufrido abuso emocional cuando éramos niños y no podemos permitir el abuso infantil.

Aceptar de verdad que nuestros padres padecen un trastorno narcisista significa renunciar a la esperanza de obtener lo que siempre hemos querido de ellos y que aún queremos. Luego debemos trabajar en el trauma que permanece dentro de nosotros. En el proceso de aceptar que nuestros padres son incapaces de brindarnos el amor que siempre hemos querido, pensar en el siguiente ejemplo metafórico podría ayudar: a una persona le han regalado una bicicleta preciosa, pero es incapaz de montarla; algo la retiene y bloquea su capacidad de montar su bicicleta. Del mismo modo, un padre narcisista tiene un hijo hermoso, pero es incapaz de amarlo como merece. El trastorno narcisista lo retiene. Entonces, a pesar de que, como es comprensible, sus hijos esperan atención, amor y cuidado, el narcisismo lo hace incapaz de brindarlos.

Aceptar la verdad sobre cómo nos han tratado nuestros padres no significa que debamos culparlos u odiarlos, sino que implica comprender sus limitaciones para poder empezar a sanar. La mayoría de los hijos ama a sus padres, pero en las familias narcisistas son los padres quienes no pueden amarlos, de modo que los hijos no pueden evitar reaccionar a la falta de amor. Como hemos visto, es una reacción normal a una situación anormal. En conclusión, como adultos somos responsables de nuestra propia sanación y recuperación; echar culpas y odiar no ayudan en el proceso.

Es importante recordar que el narcisismo es un trastorno espectral y que la extensión de los rasgos puede variar. Las personas en el extremo inferior del espectro son capaces de confrontar su comportamiento de forma auténtica y trabajar en terapia; hay esperanzas de cambio para esta clase de padres. Por esta razón, será de ayuda determinar si tu padre o madre solo tiene algunos rasgos narcisistas, está en medio del espectro o presenta un trastorno narcisista en su máxima expresión. Para determinarlo, puedes recurrir a «Criterios diagnósticos del trastorno de la personalidad narcisista», del *Manual diagnóstico estadístico de los trastornos mentales* que aparece en la página 279.

¿Cómo trabajar en la aceptación?

Para iniciar el proceso de aceptación, es importante identificar las principales barreras que te privan de reconocer que tu padre o madre tiene un trastorno narcisista. ¿Cuáles son las barreras que te previenen de reconocer y aceptar la verdad sobre tu historia familiar?

He diseñado un ejercicio de escritura, que incluye preguntas y consignas relevantes para evaluar cuáles son tus barreras hacia la aceptación. Registra todo lo que puedas sobre cada tópico y cómo impacta en tu proceso de aceptación. Si haces terapia, discútelos con tu terapeuta.

Muchas personas temen equivocarse en su evaluación de sus padres o sus familias, pero ten en mente que tus sentimientos, percepciones y recuerdos te pertenecen. Los sentimientos no se equivocan. También recuerda que puedes amar a tus padres y, aun así, reconocer que tienen rasgos narcisistas o un trastorno de personalidad narcisista. Reconocerlo no te hace una mala persona.

Temas de escritura sobre aceptación

Escribir sobre las siguientes preguntas y consignas en tu diario te ayudará en el proceso de aceptación. Puedes comenzar con los que te resulten más fáciles de abordar y luego regresar a los más difíciles.

- ¿Quiero reconocer mis propios sentimientos y trabajar en ellos?
- ¿Me permito confiar en mis sentimientos?
- ¿Qué dice sobre mí el aceptar que mi padre o madre tiene un trastorno narcisista, no me ha querido como yo necesitaba y probablemente nunca cambie?

- ¿Aceptar que mi padre o madre tiene un trastorno narcisista significa que no puedo ser querido?
- ¿Aceptar que mi padre o madre tiene un trastorno narcisista significa que hay algo malo en mí?
- ¿Aceptar que mi padre o madre tiene un trastorno narcisista significa que estoy loco?
- ¿Aún anhelo que mi padre o madre narcisista cambie?
- ¿Aceptar que mi padre o madre tiene un trastorno narcisista implica que tengo miedo de que resulte en más abandono por parte de mis padres o hermanos?
- ¿Aún tengo expectativas de mis padres? ¿Cuáles?
- ¿Temo lo que otros puedan pensar de mí si acepto que mi padre o madre es narcisista?
- ¿Qué pasa si me equivoco al aceptar que mi padre o madre tiene un trastorno narcisista?
- ¿Temo ser narcisista? (Una pista: si sientes empatía y puedes ponerte en el lugar emocional de otros, no lo eres).

¿Cómo sé que he aceptado que tengo un padre o una madre narcisista?

Sabrás que has logrado la aceptación cuando ya no esperes que tus padres sean capaces de brindarle empatía y apoyo a tu verdadero ser. Los aceptarás por quienes son, aunque no te agrade su comportamiento o cómo te tratan. Debes tener cuidado de no trasladar tu necesidad de amor parental hacia alguien más, como un amigo o pareja. Por supuesto que todos deseamos el amor de nuestros amigos y parejas, pero nadie puede reemplazar el que necesitábamos de nuestros padres. Con el avance de los cinco pasos, aprenderemos a reeducarnos.

Denise, paciente de cuarenta años, es hija de dos padres narcisistas. Tras por fin lograr aceptarlo, ha compartido un gran avance conmigo:

Ahora, cuando llamo a mis padres para saber cómo están, sé que
no me preguntarán por mí o por mis hijos. Tan solo espero que
hablen de sí mismos y que den por sentado que los escucharé. Ya
no cuelgo el teléfono triste y frustrada, pues sé y acepto que así es
como será.

Daniel, de treinta y dos años, ha tenido dificultades para aceptar
la verdad sobre su padre narcisista, pero me ha contado que sus expectativas han hecho un cambio radical:

En el pasado, me sentía vacío cuando a mi padre se le olvidaba
mi cumpleaños u otros eventos importantes en mi vida. Recibía
una tarjeta o una llamada de mi madre, pero nada de él. Ahora
ya no lo espero; él es como es. Aunque sea triste, es un alivio ha-
berme liberado de esas expectativas irrealistas.

Grieving

Una vez que hayas aceptado la verdad sobre tu familia narcisista,
estarás listo para comenzar la segunda parte del paso uno, que consiste en hacer el duelo y gestionar el trauma.

Con hacer el duelo, me refiero a llorar la pérdida del padre y de
la familia que deseabas y merecías pero nunca has tenido. El proceso de duelo natural, descrito por la doctora Elizabeth Kübler-Ross
en su libro *Sobre la muerte y los moribundos*[22], consta de cinco etapas:
negación, ira, negociación, depresión y aceptación. Usaremos estas
mismas etapas para el duelo del padre que siempre has querido pero
nunca has tenido, solo que empezaremos con la aceptación, pues ya
has atravesado la negación y la negociación mientras crecías en la
familia narcisista. Sin aceptación no es posible procesar los verdaderos sentimientos de dolor. Veremos algunos ejemplos del funcionamiento de las etapas del duelo para los hijos adultos de padres
narcisistas.

Etapas del duelo

1. **Aceptación:** Comenzamos por aceptar que el trastorno narcisista de nuestros padres ha limitado su capacidad de ser afectuosos y de apoyarnos.

2. **Negación:** Siendo niños, para sobrevivir, hemos tenido que negar la verdad sobre la incapacidad de nuestros padres de amarnos como lo necesitamos. Damos por hecho que así son los padres.

3. **Negociación:** Siendo niños y adolescentes, seguimos deseando y esperando que nuestros padres narcisistas cambiaran e intentamos muchas estrategias para ganarnos su amor y aprobación.

4. **Ira:** Siendo adultos, al descubrir la extensión de la incapacidad de nuestros padres de amarnos, apoyarnos y cuidarnos, podemos sentir una profunda ira por el impacto negativo que ha tenido su negligencia en nuestras vidas.

5. **Depresión:** Suele haber mucha tristeza relacionada con el duelo de la versión que deseamos de nuestros padres y de nuestras familias.

Una forma efectiva de iniciar el duelo es pensando en las consignas del siguiente ejercicio de escritura.

Temas de escritura sobre duelo

Escribir sobre estas preguntas y consignas en tu diario te ayudará a procesar el duelo. Tómate el tiempo necesario y permítete ser fiel a tus sentimientos. Recuerda que no estás solo y que está bien tener el valor de defender tu verdad.

- El padre o madre ideal que me hubiera gustado tener es…
- ¿Cómo era tu padre o madre narcisista en realidad?
- La familia ideal que me hubiera gustado tener es…
- ¿Cómo era tu familia en realidad?

- ¿Qué diferencias había en tus padres cuando estaban en público y cuando estaban puertas adentro?
- Escribe sobre el niño que no has podido ser.
- Escribe sobre lo que has necesitado o querido y no has tenido.
- Completa esta oración: «Con el duelo de la pérdida del padre, la madre o de la familia que no he tenido, me siento...».

Puedes completar la lista con lo que sientas necesario al seguir con los cinco pasos.

Procesar el trauma

El duelo por la pérdida de la familia que siempre has querido y nunca has tenido despierta el trauma experimentado como hijo de un padre narcisista. Para el primer paso de la recuperación, es esencial aprender a hacer frente y procesar ese trauma que has reprimido desde la infancia.

Para que el proceso sea efectivo, debes experimentar los sentimientos relacionados con el trauma de forma auténtica. Dado que se trata de experiencias, emociones, recuerdos y eventos de una vida entera, no sucederá de la noche a la mañana. Despertarás a tu niño interior herido, le permitirás sentir rabia, ira, tristeza, pérdida, abandono y soledad. Es posible que hayas reprimido muchas emociones a lo largo de los años o que te hayan dicho que tus sentimientos no eran importantes, lo que hará difícil que te permitas sacarlos a la superficie. Algunas personas deben reaprender a sentir, pues al empezar el proceso, se sienten adormecidas cuando piensan en cómo se han sentido al crecer. Aconsejo trabajarlo con un terapeuta, ya que es muy importante contar con una persona que valide al niño interior herido. Ser receptivo con ese niño interior significa permitirle tener una voz que diga: «No me ha hecho ningún bien la forma en la que me has tratado».

Al comenzar su proceso de recuperación, Marcy, de cuarenta y cuatro años, afirmó haber «olvidado cómo llorar» y sentir temor como resultado de haber reprimido sus sentimientos la mayor parte de su vida:

> *Tengo mucho miedo de que si me permito llorar y sentir de verdad, nunca podré detenerme. Temo quedarme estancada allí. Durante mucho tiempo, me han enseñado a aguantarme y que mis sentimientos no eran importantes, así que he olvidado cómo llorar. Cuando me permito hacerlo, me reprimo a mí misma, porque es como si se disparara una alarma en mi mente que dice: «No lo hagas porque te meterás en problemas y te volverás a avergonzar».*

Muchos de mis pacientes han iniciado la recuperación al convertirse en padres por primera vez. Me han dicho que al experimentar por primera vez el amor incondicional, han tomado consciencia de que sus padres nunca han sentido lo mismo por ellos. Han sentido una profunda tristeza y se han preguntado: «¿Por qué mis padres no me amaron tan profundamente?».

Sherri, de veintinueve años, recordó cómo se conectó con el trauma de no haber crecido con el amor incondicional que ella sintió al tener a su hija:

> *Cuando mi pequeña nació, en un principio tuve mucho miedo de ser como mi madre narcisista y dañarla de algún modo. Eso me ayudó a tomarme el proceso de recuperación en serio. Sentir esa oleada de amor incondicional por mi hija me emocionó, pero a su vez me rompió el corazón, porque sentí una profunda pena por mi niña interior herida. Sufrí por la niña que anhelaba que su madre la abrazara y que le dijera que todo iría bien, en lugar de ignorarla o gritarle que era una bebé llorona. En ese momento fui consciente de mi propio trauma.*

Es muy probable que tengas reacciones de TEPT al reflotar recuerdos traumáticos, y es importante que dejes que sucedan. Para llevar a cabo este trabajo de recuperación profunda, te ayudará reservar un tiempo a solas con frecuencia. Si tienes pareja, también es importante que la pongas al tanto de lo que haces y por qué, ya que si lo entiende, podrá brindarte su apoyo. Si no lo entiende, podría decirte algo como «Supéralo de una vez», y eso no te ayudará en lo más mínimo. Y, si no procesas el trauma, no podrás avanzar al paso siguiente. En ocasiones, al trabajar con mis pacientes, convoco a sus parejas para explicarles parte de los cinco pasos para que puedan apoyarlos, no les transmitan mensajes equivocados ni se preocupen demasiado.

Elaborar los sentimientos profundos relacionados con el trauma de la crianza en una familia narcisista llega a ser muy difícil, por eso muchas personas no quieren hacerlo en un principio. Algunos piensan que haberle contado historias de la infancia a un amigo, ser amado o terapeuta es suficiente, por lo que siempre debo redirigir a mis pacientes a este paso del proceso. Es posible que hayas avanzado al siguiente, pero percibas que debes volver para procesar más sentimientos traumáticos. He tenido pacientes que han tenido que trabajar en ese paso durante un año o más.

Hay quienes dicen tener muy pocos recuerdos de la infancia. Si ese es el caso, aun puedes escribir sobre tus sentimientos, aunque no tengas una historia específica que los acompañe. Si, además, te resulta difícil recordar esos sentimientos, intentar ver películas sobre familias disfuncionales y permitirte llorar podría funcionar como detonante.

Llevar un diario también es de mucha ayuda para procesar el trauma. Piensa en todas las historias de tu infancia que recuerdes, escríbelas siguiendo el ejercicio de a continuación y, mientras lo haces, intenta recordar cómo te sentías al vivirlas. Siéntelo de verdad. Puedes escribir como si le hablaras a tu niño interior herido y ofrecerle la empatía que merece.

Temas de escritura para procesar el trauma

- Escribe los mensajes negativos que has internalizado en la infancia.
- ¿De dónde provenían y por qué? ¿Cómo te sientes respecto a ellos ahora?
- Escribe sobre el trato que recibías de tu padre o madre y por qué te entristecía.
- Escribe sobre el trato que recibías de tu padre o madre y por qué te hacía enfadar.
- Escribe tus sentimientos cuando debías esconder tus emociones.
- Escribe lo que hacías para consolarte a ti mismo cuando no te sentías amado.
- Escribe lo que te sucedía cuando expresabas tus sentimientos.
- Escribe experiencias específicas de la infancia que te hayan hecho sentir temor, pérdida o soledad.
- Escribe sobre tus sentimientos de rabia, ira, miedo, soledad, pérdida, abandono y soledad en la voz de tu niño interior.
- Escríbele a tu niño interior con empatía sobre las experiencias dolorosas que ha tenido que atravesar.

Ejercicio físico y experimental

A veces, hacer una actividad física puede resultar terapéutico mientras se procesa el trauma. Dado que almacenamos los traumas en el cuerpo, pensar en ellos al tiempo que nos ejercitamos sirve como mecanismo para liberar al cuerpo de esos sentimientos. También existen otras experiencias que ayudarían a acceder y procesar las emociones.

A continuación, detallaré algunas sugerencias de ejercicios físicos experimentales:

184 • Familia Tóxica

- Haz caminatas o sal a correr mientras piensas en tu pérdida.
- Háblale a una silla vacía como si allí estuviera tu padre, madre o un familiar y dile en voz alta lo que quieras expresar sobre su trato hacia ti durante tu infancia.
- Inicia alguna actividad física, como el yoga, pilates, la natación, la danza, el tenis o el baloncesto, y presta atención a los sentimientos que experimentes a continuación.
- Golpea una bolsa de boxeo o patea cajas ligeras y percibe qué sentimientos despierta.
- Escucha música melancólica y permítete llorar.
- Escríbeles cartas a tus padres o hermanos expresando tu enojo o tristeza. Úsalas como método de catarsis, pero no las envíes. Solo tienen un fin terapéutico.
- Evalúa recurrir a terapia de Desensibilización y Reprocesamiento mediante Movimientos Oculares (conocida como EMDR por sus siglas en inglés) para acceder a sentimientos profundos. Es un tratamiento efectivo que utiliza movimientos rápidos de los ojos. En EMDRIA.org podrás buscar un especialista en tu zona*; asegúrate de que también tenga experiencia en el trato de hijos adultos de padres narcisistas.

¿Cómo sé si he terminado la etapa de duelo y procesamiento del trauma?

Esta es una pregunta difícil de abordar. Si no estás seguro de haber completado esta parte del primer paso, es probable que no lo hayas hecho. Muchos pacientes no le dedican el tiempo suficiente y deben retroceder con frecuencia. Si es tu caso, no dejes que te desaliente, es normal. Cuando estés listo para seguir adelante, verás que te sientes

---

* N. del T: no disponible en todos los países. En España, por ejemplo, puedes encontrar terapia de EMDR en Bilbao.

menos emocional y que las personas o circunstancias que te recuerdan el trauma no lo detonan con tanta facilidad.

Algunas personas dicen no ver los beneficios de dedicarle más tiempo a esta etapa hasta que lo han hecho. Luego registran el éxito del proceso. Por ejemplo, Brianna, de cuarenta y cinco años, me ha dicho que ha pasado de odiar esta etapa a sentirse más «liviana» y mejor que nunca:

Odié esta parte de la recuperación. Ha sido muy difícil pasar por todos esos sentimientos y trabajar en ellos, pero cada día fue mejor y comencé a sentirme más ligera... como si estuviera perdiendo kilos de peso en traumas. Ha sido fantástico soltarlo todo, aceptar mis propios sentimientos y validar mi dolor.

Lonnie, de cincuenta años, ha hablado de cómo atravesó el proceso desgarrador de experimentar esos sentimientos profundos:

Sentía que cargaba con la vergüenza de toda la familia en mis entrañas. El solo hecho de permitirme sentir ha sido un alivio, a pesar de haber tenido que obligarme a hacerlo, ya que, sin duda, no ha sido fácil. Existía una disfuncionalidad muy grande en mi familia, que, al parecer, absorbí y me culpé por ella. Me percaté de que siempre me dolía el estómago después de que sucedía algo malo en mi familia; luego, cuando sucedía con otras personas en mi vida. Cuando comencé a reconocer, comprender y aceptar mis sentimientos, los dolores de estómago disminuyeron. Al principio, creí que el asunto de escribir en el diario era una tontería, pero después de haber aprendido a hacerlo y de sentarme a pensar en esos sentimientos, lo entendí. Ha tenido sentido porque funcionó y me siento verdaderamente mejor después de haberlo hecho.

Eileen, de cuarenta y cuatro años, ha revelado que se sintió amenazada cuando la animé a sentir de verdad. Sin embargo, ha tenido el valor de apegarse al proceso de recuperación y está descubriendo los beneficios:

> *Hacer todo este trabajo con los sentimientos ha sido muy difícil para mí. En mi familia, no podíamos mostrar sentimientos. Si tan siquiera fruncía el ceño, me abofeteaban y decían: «¡Ponte una sonrisa en la cara!». En consecuencia, a pesar de entender la información acerca de la dinámica de la familia narcisista, ha sido muy difícil dejar salir mis sentimientos durante la recuperación. He tenido que aprender a salir de mi cabeza y adentrarme en mi corazón y en mis entrañas.*

Tara, de cuarenta y un años, creció en una familia en la que solo podía expresar emociones que reflejaran los sentimientos de su madre. Después de haber comenzado a procesar sus traumas del pasado, es capaz de experimentar sus sentimientos auténticos:

> *Si mi madre estaba triste, yo debía estar triste. Si tenía uno de sus singulares días de buen humor, yo podía estar relativamente feliz. Pero nunca eran mis verdaderos sentimientos, ya que no podía demostrarlos. Cuando empecé a enfrentarme al pasado, había detonantes que me afectaban durante días. Pero ahora soy capaz de experimentar mis propios sentimientos, puedo hablar de ellos, aceptarlos y sentirme orgullosa de mí misma por hacer este trabajo.*

Separación temporal del padre narcisista

La decisión de tener o no contacto con el padre o madre narcisista no será parte de la recuperación hasta el cuarto paso; sin embargo, suelo aconsejar a mis pacientes que se alejen temporalmente al inicio de este paso. El propósito es poder elaborar el trauma sin el detonante de la persona que te ha lastimado. A veces no es posible, pero si lo es, resulta beneficioso para el proceso.

Puedes informarle al narcisista que estás trabajando en ti mismo, que necesitas espacio y que contactarás con él cuando sea posible. Puedes hacerlo en persona o por correo electrónico, pero sin dramatismo o emoción. Tampoco es aconsejable decirle en qué trabajas. Limítate a decir que necesitas un tiempo para cuidar de ti mismo. El propósito es tener un espacio emocional sin detonantes, en el que puedas concentrarte en ti mismo.

Continuemos...

Ahora que te has permitido aceptar, pasar el duelo y procesar el trauma de tu infancia, estás listo para seguir con el segundo paso: «Separación e individuación». Has cumplido con el paso más importante de tu recuperación, los siguientes serán más fáciles. Date crédito por haberte esforzado en el paso uno, ya que has tomado la decisión consciente de procesar tu trauma, parte clave para tu recuperación.

Ahora seguiremos con otra parte importante, que es separarte de tus padres y fortalecer tu sentido de identidad. Estás encaminado a una versión más sana y feliz.

10

Segundo paso:
Separación e individuación

Ahora puedo dar un paso atrás y ver las ridiculeces de mi familia con más objetividad. Me siento más imparcial y ya no dejo que su comportamiento desquiciado sea un detonante. Ya no me arrastran con ellos. ¡Es un gran alivio!

Anastasia, sesenta y seis años.

El objetivo del paso dos es trabajar para separarte psicológicamente por completo de tu familia narcisista y de su dinámica para ser tú mismo. Este paso trata de tomar distancia precisa de los patrones de comportamiento de tu familia hasta ser capaz de observar su disfuncionalidad sin quedar envuelto en ella. Cuando logres separar de forma realista el «yo» del «ellos», la recuperación comenzará a dar frutos.

Reconocer que provienes de una familia en particular, pero ya no quieres que defina tu identidad como adulto implica que puedes «ser parte y estar aparte» de ellos. La individuación no implica tomar distancia física, sino hacer trabajo psicológico interno para verte como una persona independiente de tu familia de origen, para que te liberes de la dinámica familiar y comiences a definir tu identidad individual.

Recuerda el ejemplo anterior, en el que has imaginado a tu familia representando su dinámica sobre un escenario, mientras que la observabas desde el público; ya no eras un personaje del reparto. Cuando seas capaz de observar a tu familia con objetividad y salir del drama, sentirás la libertad y el alivio que describió Anastasia.

Abandonar tu papel

Como hemos visto en la segunda parte del libro, al ser criados en una familia narcisista, tendemos a encasillarnos en un papel que rara vez refleja o respeta cómo somos en realidad. Después de haber llegado hasta aquí, ya habrás identificado cuál ha sido tu papel en la familia, si el de chivo expiatorio, hijo perdido, hijo favorito, hijo único, o si has tenido papeles diferentes a lo largo de la infancia. Este es el momento de dejarlo a un lado y ser tú mismo. Después de haber cumplido con el personaje que te han asignado durante gran parte de tu vida, es hora de trabajar para desprenderte de esa identidad falsa y, de una vez, definir quién eres en verdad.

Puedes comenzar con el siguiente ejercicio de escritura, que trata de el o los papeles que has tenido dentro de la familia y de la identidad que deseas para ti.

Temas de escritura sobre tu papel en la familia

- ¿Cuál ha sido tu papel preponderante en tu familia?
- ¿Cómo te sientes al respecto?
- ¿Qué daño crees que te ha causado haber ocupado ese papel?
- ¿Quién de la familia te mantiene en ese papel en la actualidad?
- ¿Cómo y por qué sigue forzándote a representarlo?
- ¿Cómo te define cada miembro de la familia? ¿Cómo te describirían?

- ¿Cómo quieres definirte a ti mismo?
- ¿Qué historia cuenta tu familia sobre ti? ¿Estás de acuerdo?
- ¿Cuál es tu historia en tu familia narcisista?

Anthony, de cuarenta y cuatro años, comprendió que ha sido el chivo expiatorio de su familia. Tenía un padre narcisista y una madre facilitadora que parecían culparlo de todos los problemas. Durante su recuperación, ha tomado consciencia de que, aunque no era capaz de cambiarlos a ellos, sí podía cambiar su forma de reaccionar frente a ellos.

No podía comprender por qué mi hermana siempre era favorecida, mientras que yo me metía en problemas por todo. Aun hoy, si algo sale mal, es a mí a quien señalan primero y a quien le preguntan qué ha hecho o dicho. Dan por hecho que he metido la pata. Siempre me ha parecido que no les gustaba; durante muchos años, he interiorizado sus críticas y he creído que había algo malo en mí. Hoy entiendo que fui el hijo que recibió el papel de chivo expiatorio, en particular cuando mi padre estaba de muy mal humor o se enfadaba por algo. Mi madre no me culpaba, pero tampoco me defendía. Ahora que he avanzado en mi recuperación, no me permito creer que soy el malo ni dejo que mi familia siga siendo un detonante. He aprendido a confiar en mis propios sentimientos y en mi sentido de la realidad. Si alguien intenta ponerme la etiqueta de «culpable», ahora puedo reírme y pensar: «¡Otra vez igual!».

Por fortuna, Anthony ha aprendido que sus padres no lo definen. Ha conseguido el poder de determinar su propio valor.

Reconocer tu naturaleza única

¿En qué te diferencias de tu padre o madre narcisista y de los demás miembros de tu familia? En el proceso de individuación, es importante identificar los rasgos, valores y comportamientos que son realmente tuyos y los que quieres que se desarrollen. También será de ayuda pensar en los rasgos, valores y comportamientos de tus familiares y decidir cuáles te representan o quieres que sean parte de ti y cuáles quieres rechazar.

Whitney, de veintinueve años, me ha dicho que, al descubrir y aprender a reconocer su naturaleza única, se ha esforzado para definirse a sí misma a pesar de la desaprobación de su padre narcisista y del apoyo de su madre a las indicaciones y opiniones del padre.

Mi padre quería que siguiera en el negocio familiar. Soy hija única, por lo que era su única esperanza de perpetuar el nombre que se había hecho en la comunidad. Aunque nunca he demostrado interés en el negocio, siempre ha dado por sentado que seguiría sus pasos. Pero no solo no tenía interés en la clase de negocio que tenía, sino que no compartía sus valores ni cómo representaban sus logros. Después de graduarme, les dije a mis padres que seguiría mi propia trayectoria, y ellos se volvieron contra mí. Los había defraudado al rechazar lo que tenían planeado para mí. Ahora soy la oveja negra a sus ojos, pero estoy aprendiendo a respetar mi decisión.

Muchos adultos se llaman a sí mismos las «ovejas negras» de la familia tras percibir que, de algún modo, no encajan. Cuando rompen las reglas al no adaptarse al molde de la dinámica familiar o al alzar la voz sobre la disfuncionalidad de la familia, los demás se vuelven contra ellos. Como forma de ilustrar el valor necesario para separarse y decir la verdad, animo a mis pacientes a pensar en sí mismos no como ovejas negras, sino como jirafas. Las jirafas ven más allá, ven cosas que las ovejas no alcanzan a ver, son centradas y poderosas; su perspectiva amplia les permite hacerse una imagen más acertada del entorno. En el capítulo siguiente aprenderemos más acerca de lo que este animal único representa para los hijos adultos de padres narcisistas, pero, por el momento, puedes comenzar a definir tu propia naturaleza única en el ejercicio de escritura que sigue.

Temas de escritura para reconocer tu naturaleza única

- ¿Cómo describirías los rasgos, valores o comportamientos de tu padre o madre narcisista?
- ¿Cómo describirías los rasgos, valores o comportamientos de tu padre o madre facilitador?
- ¿Cómo describirías los rasgos, valores o comportamientos de tus hermanos?
- ¿Cómo describirías las diferencias de tus rasgos, valores o comportamientos respecto a los de los otros miembros de tu familia?
- ¿Qué valores son importantes para ti pero no para otros miembros de tu familia?
- ¿Qué actividades son importantes para ti pero no para otros miembros de tu familia?
- ¿Qué has aprendido de tu familia y decides conservar en tu sistema de valores? (Por ejemplo, sobre religión, política, economía o educación).

Salir de la triangulación

En esta etapa de la recuperación es importante controlar la comunicación con tu familia. Presta atención a las triangulaciones; recuerda el teléfono descompuesto y la comunicación indirecta que hemos visto antes. ¿Tus familiares aún no hablan de forma directa entre sí, sino que transmiten los mensajes a través de otros? Es hora de que te desmarques de la comunicación triangular de tu familia.

¿Cómo hacerlo? Deja claro que no participarás de conversaciones sobre otros miembros de la familia a sus espaldas. Cuando alguien te hable de otra persona, dile con amabilidad que es algo entre ellos dos y que prefieres que hable directamente con esa persona. Ya no serás el mediador, encargado de llevarle el mensaje a la persona aludida.

Peter, de treinta y cinco años, era a quien los demás recurrían cuando estaban molestos con otro miembro de la familia. Él recibía toda la frustración, rabia, tristeza y sentimientos negativos. Siempre quedaba atrapado en la triangulación, procedía a llamar a sus familiares para intentar solucionar el problema, pero resultaba ser un esfuerzo frustrante e inútil, cuanto menos. Luego aprendió que involucrarse era muy insalubre para él.

¿Quién soy yo? ¿El terapeuta familiar? Estoy harto de ser siempre el mediador y maestro de la familia. Solía ocupar ese papel e intentar ayudar a solucionar las cosas, pero nunca salía bien y, con frecuencia, se volvía en mi contra. Me impactó aprender que ese no era mi trabajo, que podía dejar de hacerlo y, de hecho, sería saludable para mí. Ahora, cuando sucede (sí, aún sucede), les digo con tranquilidad que deben hablar entre sí y que no quiero involucrarme. Me he liberado de todo ese asunto y me siento muy bien. Tengo mucho menos cansancio emocional y por fin puedo centrarme en mi propia vida.

Temas de escritura para salir de la triangulación

- ¿Cómo describirías el funcionamiento de la triangulación en tu familia?
- ¿Quién es el miembro de la familia que más se involucra en la triangulación?
- ¿Tienes problemas para despegarte de la triangulación? ¿Por qué?

- ¿Crees que eres adicto al cotilleo y los dramas de la familia? ¿Por qué?
- ¿Tienes dificultades para poner límites a la triangulación? ¿Por qué?

Tomar consciencia de los sentimientos proyectados por los padres narcisistas

Hemos visto que los narcisistas proyectan sus sentimientos en otras personas porque son incapaces de aceptarlos y enfrentarlos. De este modo, por ejemplo, cuando se molestan por algo de sus propias vidas, descargan ese sentimiento con otras personas. En esta etapa es momento de tomar consciencia de esos sentimientos proyectados.

Supongamos que el padre narcisista ha tenido un mal día en el trabajo y regresa a casa enfadado. Entonces descarga la ira con sus familiares gritándoles, criticándolos o rebajándolos de algún modo. O que la madre narcisista se siente cansada y deprimida, pero en lugar de elaborar esos sentimientos, comienza a maltratar a otros, transmitiéndoles el mensaje de que no son lo bastante buenos. Lo que siente en realidad es que ella misma no es suficiente, pero debe proyectarlo en otros. Ten en mente que en el fondo de un narcisista se aloja un ego muy frágil encubierto por su aire de grandiosidad. Proyectan su autodesprecio en otros miembros de la familia.

Parte del trabajo de este paso trata de reconocer cuándo el narcisista está proyectando sus sentimientos. Cuando eres el blanco de la proyección, suele parecerte algo inesperado y confuso, ya que la crítica no tiene nada que ver contigo. En el momento en que suceda, da un paso atrás y pregúntate: «¿Esto tiene algo que ver conmigo o con algo que haya hecho?».

También puede darse la proyección positiva en los casos en los que el narcisista idealiza a un miembro de la familia, como al favorito. En general, se basa en sentimientos negativos sobre sí mismos o en cualidades positivas que les incomoda reconocer. Muchos hijos de padres narcisistas identifican haber sido víctimas de proyección negativa y positiva, ya que han sido idealizados un día y devaluados al siguiente. Ten en cuenta que se trata de emociones particulares que el narcisista proyecta en otros y es incapaz de reconocer que lo hace.

En este caso, debes aprender a identificar cuándo tu padre narcisista esté proyectando sus sentimientos en ti y decirte a ti mismo: «Esto no tiene nada que ver conmigo. Es una emoción interna de mi padre y no debo dejar que me afecte».

Priscilla, de cuarenta y cuatro años, relató cómo ha aprendido a manejar la tendencia de su madre narcisista a proyectar sentimientos negativos en ella:

Cuando nuestra madre narcisista tenía un mal día, todos pagábamos el precio. Entraba por la puerta, irritada por algo que había sucedido en su trabajo, e iniciaba una diatriba de críticas contra mi hermana y yo por cualquier cosa que se le pasara por la cabeza en ese momento; porque se nos había olvidado sacar la ropa limpia de la lavadora o habíamos dejado libros sobre la mesa en la que estábamos estudiando. Despotricaba sin parar, y yo pasaba el resto de la noche alterada. Jamás se disculpaba. Ahora, si estamos juntas y comienza a hablar así, me limito a sonreír, porque sé que su rabia no tiene que ver conmigo, sino, tristemente, con su propia infelicidad.

Gary, paciente de cuarenta y tres años, tiene una historia similar. En el segundo paso del proceso, ha aprendido a reconocer que los sentimientos negativos que proyectaba su padre no tenían nada que ver con él.

Mi padre estaba decaído, compadeciéndose de sí mismo, hasta que, de improviso, me acusaba de actuar triste y me decía que acabara con eso y fuera agradecido. Y me hacía pensar: «¿Qué? Yo no estoy triste, ¿de qué habla?». Ahora entiendo lo que sucedía, él proyectaba su malestar en mí. Ya no caigo en eso.

Krista, de treinta y seis años, fue la única hija de una madre narcisista y ha cumplido diferentes papeles en la familia. Me ha contado que la proyección de sentimientos negativos y positivos de su madre ha sido muy confusa para ella.

En los días buenos, cuando mi madre estaba en su estado de grandiosidad superficial, yo era la mejor hija, la mejor estudiante, la mejor de las primas de la familia. Pero, en los días malos, recibía críticas duras por todo lo que hiciera o dijera. Según ella, yo era maravillosa o terrible en extremo. Me confundía muchísimo, hasta que comprendí que la imagen que ella proyectaba de mí, que dependía de su humor del momento, no tenía nada que ver conmigo.

El objetivo de este paso es ver los sentimientos proyectados del narcisista por lo que son en realidad y no permitir que sus descargas emocionales te hieran. Eres capaz de reconocer que la proyección de su infelicidad es problema suyo, no tuyo.

Temas de escritura para tomar consciencia de los sentimientos proyectados por los padres narcisistas

- ¿Te han culpado por cosas que no eran tu responsabilidad? Da ejemplos.
- ¿Qué efectos ha tenido la proyección de tu padre o madre narcisista en ti?
- ¿Cómo te sientes respecto a la proyección de emociones de tu padre o madre narcisista cuando eras niño y ahora como adulto?
- Escribe cómo entiendes ahora la proyección y cómo la ves por lo que es.
- Escribe cómo ahora te sientes menos confundido acerca de la proyección de las emociones de tu padre o madre.

- Escribe cómo dudas menos de ti mismo ahora que entiendes que ha proyectado sus emociones en ti.
- Escribe cómo ahora te sientes menos controlado por tu padre o madre narcisista.

Superar la envidia del padre narcisista

Hemos visto que es extraño que un padre esté celoso de su propio hijo. También hemos discutido que, en una familia narcisista, recibimos el mensaje de que debemos ser buenos en ciertas cosas para hacer que nuestros padres se sientan bien consigo mismos, pero no tanto como para opacarlos. Es un mensaje desquiciado. «Sé bueno, pero no mejor que tu padre narcisista.» Si lo haces, serás el blanco de sus celos irracionales.

He visto que, con frecuencia, los pacientes no reconocen la envidia de sus padres narcisistas, porque al crecer con el mensaje de que no son lo bastante buenos, es difícil creer que alguien podría tenerles celos. Pero la envidia del narcisista es, en realidad, otra forma de proyección, originada en su falta de autoestima. Al alejarte de la dinámica familiar, será más fácil reconocer la envidia y el daño que ha provocado. Antes de completar el paso dos de individuación, es común que los hijos se culpen o permitan que los culpen por los celos de sus padres.

La historia de Martin es un ejemplo, ya que sus dos padres narcisistas envidiaban sus logros académicos. A pesar de que esperaban que fuera a la universidad y tuviera una carrera exitosa, su elección de cursar un posgrado ha causado caos en la familia:

Todo iba bien cuando me gradué, incluso cuando me saqué el máster, pero cuando comencé mi doctorado, mis padres me desalentaron, me dijeron que lo dejara e incluso que no apoyaban que siguiera estudiando. Ellos tenían títulos de grado, pero no doctorados, y yo había llegado demasiado lejos. Me dijeron, sin la más mínima sutileza, que se me estaban «subiendo los humos» al querer ampliar mi grado académico. No me lo han dicho a la cara, pero el mensaje subyacente era: «¿Quién te crees que eres?». Antes de trabajar en mi recuperación, probablemente hubiera comprado su razonamiento, dejado el doctorado y me hubiera culpado por hacerlos sentir mal al querer llegar más lejos que ellos. Por suerte, ahora puedo ver que lo que tienen es envidia y hacer lo que necesito para mí mismo sin sentir culpa o preocupación por herir sus sentimientos.

Lauren, de treinta y tres años, sufría críticas constantes sobre su peso por parte de su madre. La ha hecho hacer dietas desde pequeña, ya que todo lo que a su madre le importaba era la apariencia. A sus veinte años, Lauren comenzó a ir al gimnasio con un entrenador al que apreciaba mucho y se puso en forma. Al mismo tiempo, su madre ganó algo de peso, así que, en lugar de estar feliz por su hija, la mujer no pudo tolerar que su aspecto fuese mejor que el de ella.

Después de perder peso y ponerme en forma, cada vez que veía a mi madre, me llamaba anoréxica. Jamás he tenido un desorden alimenticio, pero decía cosas como «Trae tu trasero anoréxico escuálido aquí y lava los platos». Era hiriente, ¿por qué no podía estar orgullosa de mí? Siempre he dudado de mí misma y he llegado a preguntarme si mi madre también tendría razón sobre eso, ¿estaba adelgazando demasiado? Pero, por suerte, ahora estoy trabajando en mi recuperación y puedo ver que mi madre está celosa, así que ya no me hace daño. Creo que es triste para ella, pero ahora puedo ser yo y eso incluye ser la mejor versión de mí misma.

Joaquín, de cincuenta y cinco años, ha crecido en una familia que no tenía una buena posición económica. Vivían en pequeñas casas o apartamentos rentados y no tenían muchos bienes materiales. Siendo adulto, Joaquín se convirtió en un dentista exitoso y logró comprar una casa preciosa y cara para su familia, lo que ha provocado los celos de su padre narcisista, que siempre ha envidiado sus logros y ha proyectado su falta de autoestima denigrándolos.

El ego de mi padre no podía soportar nuestra bonita casa. Cuando venía de visita, en lugar de sentirse orgulloso y feliz por nosotros, hacía comentarios sobre todo lo que no le gustaba. Decía cosas como: «Esta casa es tan grande que parece que es solo para exposición». O comentaba que nuestros muebles modernos parecían «baratos». Solía molestarnos, pero ahora mi esposa y yo sabemos que solo es producto de sus celos, así que lo ignoramos. Me ha tomado mucho tiempo llegar a separarme de mi padre narcisista y comprender que era producto de su ego fácil y no tenía que ver conmigo en realidad.

Temas de escritura para superar la envidia del padre narcisista

- Escribe en qué ocasiones tu padre o madre narcisista ha sentido envidia de ti.
- ¿Cómo te ha hecho sentir la envidia de tu padre o madre?
- ¿Te has sentido culpable al lograr algo que tus padres nunca han logrado? En ese caso, describe tus sentimientos.
- ¿Qué daño te ha provocado la envidia de tu padre o madre?
- ¿Tus hermanos sienten celos de ti? ¿Qué relación pueden tener sus celos con la envidia de tu padre o madre?

Reformular los mensajes negativos

En el primer paso, hemos trabajado en identificar los mensajes negativos internalizados más preponderantes. Es hora de comenzar a responderles a esos mensajes y de reformularlos en afirmaciones positivas. Aunque es un proceso difícil, con la práctica es posible. Tendrás que usar tu voz parental o maternal interna para hablar con tu niño interior herido. Piensa que estás hablando con un niño lastimado, diciéndole que es digno de ser amado, que es bueno y valioso. Las afirmaciones por sí solas no funcionarán, ya que aún no creerás en ellas. Tienes que usar la lógica de tu adultez para explicarle a tu niño herido por qué aquellos mensajes negativos, heredados de tu familia narcisista, no eran verdaderos.

Temas de escritura para reformular mensajes negativos

- Escribe un «guion» en el que tu mensaje negativo internalizado será un personaje y tú seas el otro. El diálogo consiste en que el mensaje te lance su negatividad y tú le respondas con afirmaciones autocompasivas.
- Reescribe los mensajes negativos internalizados más preponderantes cambiándolos por mensajes que quieras transmitirte a ti mismo.
- Escríbele una carta a tu niño interior herido acerca de cada uno de los mensajes negativos que has recibido de tu padre o madre narcisista, explicándole por qué son erróneos. Mientras escribes la carta, imagina que hablas con ese niño dándole seguridad.

Recuerda que has recibido los mensajes de padres emocionalmente insanos, que no estaban en posición de juzgarte o de definir quién eres. Recuerda que no debemos recibir consejos de los heridos.

Si tienes dificultades con este ejercicio, considera buscar ayuda de un terapeuta EMDR. Con su ayuda, podrás desensibilizar los mensajes negativos y reforzar los mensajes positivos que quieres darte a ti mismo.

Desafiar el mantra familiar

La familia narcisista suele tener un mantra o un código interno en el que los niños aprenden a creer. Es momento de desafiarlo, dejar de creer en él y comprender que era erróneo.

Dado que los hijos aprenden definiciones desviadas del amor, es posible que el mantra de tu familia haya sido algo como: «Vales por lo que haces más que por quién eres». Muchos oyen que sus familias son mejores que las demás; otros aprenden que la apariencia es más importante que los sentimientos; algunos, que deben ser estoicos y no mostrar sentimientos, ya que hacerlo es señal de debilidad y es una carga para los padres. En caso de mostrar sentimientos, a muchos les dicen que son sensibles en exceso.

En el caso de tu familia de origen, ¿te han inculcado un mantra o mantras? ¿Existía una narrativa en particular que debías creer acerca de la familia? ¿Aún la crees? Este es el momento de confrontar esas creencias.

Mientras crecía, Allison, de veinticinco años, ha aprendido por parte de su madre narcisista que su familia era mejor que otras y que no podía jugar con ciertos niños porque, en palabras de la madre, «no eran de su clase». Durante el segundo paso de su recuperación, Allison ha aprendido a cambiar ese mantra por uno que reflejara sus propias creencias de forma más acertada.

> *A veces me hacía amigos que no tenían tanto dinero como nosotros. Mi madre no quería que los viera y cuando le preguntaba por qué, decía: «Porque no son de nuestra clase». Al crecer, he comprendido mejor lo que quería decir: que solo podía ser amiga de niños que vivieran en vecindarios de clase media-alta como el nuestro. Ya no creo en eso. Hoy en día, cuando se trata de elegir a mis amigos, si tuviera que definir un mantra, sería: «Juzgo a las personas con la calidad de su carácter».*

Brad, de cuarenta y seis años, ha crecido en una familia atlética, con un padre narcisista que valoraba mucho el estado físico.

Menospreciaba a cualquier persona que tuviera sobrepeso o cuya apariencia no fuera perfecta. En su recuperación, Brad ha aprendido que él ya no creía en que «mantenerse delgado y en forma es lo más importante», como llevaba oyendo de su padre desde que tenía memoria.

Mi padre criticaba mucho a las personas con sobrepeso, y todos crecimos discriminándolas, podría decirse. Su mensaje preponderante era que todo se trataba de la apariencia, y no solo generó que me volviera perfeccionista, sino que me concentrara más en mi aspecto que en cómo era como hombre y como persona. No quiero que mis hijos vivan con esa presión, quiero que aprendan a valorar a las personas por quienes son.

Scott, de cincuenta y un años, creció en una familia con el mantra «Guárdate tus sentimientos para ti mismo». Si expresaba cómo se sentía, su padre narcisista solía decirle que era un niño pequeño o un debilucho. En su proceso de recuperación, Scott ha aprendido que sus sentimientos eran una carga para el padre porque no sabía cómo gestionarlos. Aunque en un principio ha sido difícil, al descubrir la importancia de identificar sus emociones y de compartirlas con personas de confianza, ha sentido un enorme alivio.

Creí que solo era cosa de hombres. Los hombres no lloran, deben ser fuertes. Sin embargo, cuando crecí, me casé y tuve a mis hijos, comprendí que era un mensaje erróneo. Quería expresarle mis sentimientos a mi esposa y enseñarles a mis hijos la importancia de hacerlo también. Ahora sé que poder hablar de sentimientos es un superpoder, que me convierte en una mejor persona, mejor padre y mejor esposo.

Temas de escritura para desafiar el mantra familiar

- ¿Cuál era el mantra de tu familia?
- ¿Quién imponía ese mantra?
- ¿Por qué aún lo crees?
- ¿Por qué ya no lo crees?
- ¿Cuál quieres que sea el mantra para ti y para tu familia?

Liberarse del padre absorbente o negligente

Como hemos visto en la sección anterior, un padre narcisista puede ser absorbente, negligente o ambas. En los dos casos, el trabajo de separación e individuación es un desafío, ya que los padres absorbentes y negligentes destrozan por igual la capacidad de los hijos de desarrollar su propia identidad. En caso de haber sido ignorado, habrás dedicado la mayor parte de tu tiempo y energía a intentar ganar el amor y la atención de tus padres. Si has sido absorbido, te han dicho siempre qué hacer, qué pensar, qué vestir y en qué creer. En cualquiera de los dos escenarios, tu padre o madre narcisista ha interferido en tu desarrollo emocional, es por eso por lo que afirmo que el impacto es el mismo aunque sean polos opuestos.

A estas alturas, es probable que ya hayas determinado si has sido absorbido, ignorado o ambas. En esta parte de tu proceso de recuperación desharás esa dinámica para poder trabajar en ti mismo. Si has sido ignorado, el trabajo es aceptar la realidad y ya no intentar conseguir la atención y aprobación de la familia disfuncional. En su lugar, puedes intentar brindártelos a ti mismo. Si has sido absorbido, tu tarea será poner distancia psicológica a las exigencias de cómo debías ser y en qué debías creer. Puedes comenzar a identificar cómo quieres ser y en qué quieres creer tú mismo.

Janice, de treinta y siete años, está trabajando para separarse psicológicamente de su madre narcisista absorbente y para convertirse en su propio ser. Después de toda una vida controlada por su madre, el cambio no es instantáneo, pero me confió que ha tenido que idear una frase para evitar que su madre le dijera cómo debía llevar su vida a cada paso.

Por fin tomé la decisión de ser absolutamente clara con mi madre. Había tenido suficiente de sus consejos no solicitados respecto a cómo cuidar a mi hija, a mi trabajo, a mi esposo e, incluso, sobre qué preparar para cenar. Durante mi infancia y adolescencia, he tolerado su autoritarismo porque era incapaz de plantarle cara. Pero ahora me tomo muy en serio el objetivo de separarme emocionalmente de ella, de no ceder a lo que quiera que haga e intentar descubrir qué es lo que yo quiero. Entonces, cuando quiere darme indicaciones, soy muy directa con ella y le digo: «Mamá, recuerda que ya soy una mujer adulta».

Isaac, paciente de cuarenta y cuatro años, me confió lo que ha tenido que hacer para controlar a su padre narcisista absorbente. Al igual que Janice, ha encontrado un modo de enfrentarlo.

Un día, estábamos limpiando el sótano juntos. Ya estaba cansándome de que me ordenara dónde poner tal o cual cosa, así que me detuve en el medio de la habitación y fingí estar pensando en algo. Él me gritó y me preguntó qué demonios estaba haciendo, a lo que le respondí: «Papá, estoy aquí quieto intentando recordar qué edad tengo». Lo entendió. Ahora, para que reciba el mensaje, solo tengo que detenerme y actuar del mismo modo, y él recuerda lo que le he dicho.

David, de treinta y ocho años, me ha contado una historia muy extraña sobre su madre narcisista absorbente. Cuando comenzó a escribir sobre su pasado y sobre la separación psicológica de su madre en su diario, recordó las diversas formas que ha tenido para transmitirle el mensaje de que las necesidades y deseos de ella eran más importantes que las de él y que el límite entre ellos era fino como el papel.

> *Mi madre solía prepararme el almuerzo para llevar a la escuela; en general era alguna variedad de bocadillo. Pero todos los días, cuando lo abría, encontraba que estaba mordido. ¡Ella siempre le daba el primer bocado! Pensaba que era extraño y, en cierto modo, me sentía vulnerado, pero lo aceptaba sin decir nada. Ahora entiendo que era una de sus formas de recordarme que tenía control sobre mí. El proceso de recuperación me ha ayudado a ver que su comportamiento extraño era una forma de abuso y una falta de límites entre nosotros. Estoy esforzándome mucho para tener control sobre mi propia vida y para aceptar que mi madre nunca cambiará.*

Molly, de treinta años, le tenía terror a su padre negligente porque tenía brotes de ira. Cuando era pequeña, él ignoraba su existencia a menos que fuera para reprenderla por algo insignificante. Mientras que ella era una niña obediente y tímida que anhelaba el amor y la atención de su padre, pero nunca los recibía. Él siguió gritándole aun siendo adulta, hasta que Molly descubrió que debía responderle del mismo modo.

> *Lo he hecho una sola vez, pero, cuando lo hice, tomé consciencia de que ya no le temía a mi padre y de que podía ser una persona independiente. Él se puso a gritarme, diciéndome lo estúpida que era por algo en lo que creía y recordándome que él siempre tenía la razón. Me gritó a centímetros de la cara. Al fin, tuve suficiente y le dije: «¿Sabes qué, papá? ¡Solo sabes decir estupideces! Ya no tengo por qué escucharte, soy una adulta». ¡Cómo le sorprendió que pudiera ser tan directa! Pero funcionó.*

Ely era ignorado por su madre soltera. Ha intentado muchas cosas para llamar la atención, el amor y la aceptación que deseaba, pero nada ha funcionado. En su proceso de recuperación, ha aprendido a renunciar a esas expectativas y a dejar de intentarlo.

Mi padre nos abandonó cuando yo era un bebé, así que me crio mi madreególatra. Era demasiado joven para tener un hijo y lo que de verdad quería era salir de fiesta y divertirse con sus amigos. Me dejaba solo mucho tiempo, pero, aunque estuviera en casa, era como si yo no existiera. Me sentía muy solo. He intentado llamar su atención de miles de maneras. A veces, hacía cosas bonitas por ella, pero la mayoría de las veces hacía travesuras para que me prestara atención. Ahora que soy adulto, no sabe mucho sobre mí, mi trabajo, mi familia ni nada. Casi no me llama y nunca nos visita. He tenido que aprender a aceptarlo y a dejar de esperar a que cambiara. Aunque aún me entristezca no tener una familia, ya no es esa tristeza y ese anhelo profundos. He aceptado las cosas como son y ya no me esfuerzo más.

Temas de escritura para liberarse del padre absorbente o negligente

- Completa esta frase: He tenido un padre o madre absorbente y me ha hecho sentir…
- Completa esta frase: He tenido un padre o madre negligente y me ha hecho sentir…
- Completa esta frase: He experimentado ambas clases de paternidad narcisista y me ha confundido porque…
- Escríbele una carta a tu padre o madre acerca de su comportamiento absorbente o negligente, hablándole de cómo te ha afectado. No envíes la carta. Solo tiene fines terapéuticos.

Síntesis del segundo paso: Separación e individuación

A lo largo de este capítulo, has emprendido un trabajo de recuperación enfocado en la separación psicológica de tu padre o madre narcisista y en la individuación para convertirte en una persona más auténtica y realizada. El proceso ha incluido lo siguiente:

- Dejar atrás el papel que has ocupado en tu familia.
- Reconocer tu singularidad.
- Apartarte de la triangulación.
- Tomar consciencia de los sentimientos proyectados de tu padre o madre.
- Superar la envidia de tu padre o madre narcisista.
- Reformular los mensajes negativos internalizados.
- Desafiar el mantra familiar.
- Liberarte de tu padre o madre absorbente o negligente.

Ya que has terminado este trabajo, dedícale un tiempo a repasar lo que has escrito en los ejercicios de este paso. Luego, puedes hacer un resumen de lo que pienses respecto de tu proceso de separación e individuación.

Temas de escritura para resumir tu historia de separación e individuación

- ¿Cuáles han sido los mayores desafíos para separarte psicológicamente de tu padre o madre narcisista y de tu dinámica familiar?
- ¿Qué has logrado respecto a esos desafíos? ¿En qué debes seguir trabajando?
- ¿En qué sentido te has convertido en una persona independiente de los papeles, creencias, mantras y rutinas emocionales que has aprendido en tu familia narcisista?

- ¿Qué trabajo has hecho para superar los mensajes negativos con los que has crecido?
- ¿Qué estrategias han sido mejores para lograr un sentimiento de identidad más fuerte?

¿Cómo saber si has completado el segundo paso de separación e individuación?

Después de esforzarte para terminar este paso, notarás ciertas diferencias en ti.

- Puedes sentir una amplia variedad de emociones, buenas y malas, y has aprendido a expresarlas.
- La angustia de dudar de ti mismo disminuye y comienzas a creer y confiar más en ti mismo.
- Ya no le temes a tu padre o madre narcisista ni a lo que piense de ti.
- Estás definiendo tu personalidad auténtica y dándote crédito cuando lo mereces.
- Te sientes más cómodo solo y encuentras sentido en tu interior.
- Te sientes más auténtico y sólido por dentro.
- Te resulta más fácil expresar tus sentimientos en tus relaciones.
- Puedes identificar la proyección y la envidia.
- Tus mensajes negativos internalizados son más débiles.
- Eres más amable contigo mismo.
- Puedes observar tu dinámica familiar con más objetividad y ya no te ves envuelto en la red de disfuncionalidad.
- Tienes menos recaídas o detonantes del TEPT.

Continuemos...

Ahora que has atravesado los pasos uno y dos, estás listo para pasar al tercero: reeducar al niño herido y convertirse en tu verdadero ser. El foco estará en reforzar a tu padre interior y en desarrollar tu sentido de identidad.

11

Tercer paso: Reeducar al niño herido y convertirte en quien eres en verdad

Estoy aprendiendo sobre autoaceptación y autocompasión. Nunca he sido buena en eso. Solía ser codependiente y anteponer siempre los sentimientos de los demás a los míos, pero es muy liberador trabajar en mí misma. ¡Hay un yo aquí dentro!

Zoe, treinta y dos años.

El tercer paso es un viaje transformador de autodescubrimiento. Comenzaremos por fortalecer a tu padre interior y reeducar a tu niño interior herido, y luego seguiremos por descubrir y desarrollar tu sentido de identidad. Para alcanzar el amor y la compasión propios, es fundamental hacer énfasis en la autoaceptación. Te guiaré a explorar tus valores y creencias internos, también las pasiones, talentos y dones naturales que te hacen quien eres. En este paso, también es importante que te permitas sentir alegría.

Fortalecer a tu padre interior y reeducar a tu niño interior herido

En esta etapa, trabajarás con tu ser adulto maternal o paternal y con tu niño interior, y usarás tus fortalezas como adulto para reeducar a tu parte herida. Verás que, como muchos hijos de padres narcisistas, en principio te será difícil saber cómo ser un padre o madre empático y nutrir a tus propios hijos, ya que, seguramente, no has tenido buenos modelos a seguir. Pero si tienes paciencia y sigues los ejercicios de este capítulo, estoy segura de que podrás convertirte en el padre o madre amoroso que tu niño interior herido necesita que seas.

Si te resulta difícil verte a ti mismo criando a tu niño interior, piensa en cómo tratas a los niños, ya sean tus hijos u otros niños que hayas conocido. También piensa en cómo te sientes respecto a los niños. Comienza por responder las siguientes preguntas:

- ¿Crees que los niños tienen derechos, deseos, necesidades, pensamientos y sueños?
- Cuando un niño sufre, ¿quieres ayudarlo?
- ¿Te sale de dentro ser amable y compasivo con los niños?
- ¿Te sale de dentro consolar a los niños y hacer que se sientan a salvo?

La mayoría de las personas responderán que sí a estas preguntas y esas afirmaciones serán la base de la fortaleza que usarás para consolar y nutrir a tu niño interior herido. Date crédito por tu lado afectuoso y compasivo al tiempo que realizas los diferentes ejercicios de este capítulo. Mientras lo haces, puedes escribir sobre ello.

Si algún ejercicio te resulta inútil o inapropiado, siéntete libre de saltártelo y pasar a otro. Algunas actividades funcionan mejor que otras dependiendo de la persona.

Busca fotografías de tu infancia

Para que la imagen de tu niño interior sea más concisa, busca fotos de ti cuando eras niño. Pueden ser de cualquier edad, pero, en general, las que más te ayudarán serán de tus cinco o seis años. También pueden ser de diferentes etapas de tu desarrollo.

Mientras revisas las imágenes de tu infancia, préstale atención a tu lenguaje corporal y a tu expresión. ¿Pareces feliz, triste, asustado, solitario o ansioso? Te ayudará escribir sobre lo que percibas; registra todo lo que te llame la atención. Es posible que las fotografías despierten recuerdos inquietantes o difíciles, escribe sobre ellos y los sentimientos que te inspiren.

Una de mis pacientes ha encontrado una fotografía en la que su madre la tenía sobre la falda, pero lejos del pecho. Su madre tenía los brazos extendidos para alejarla y parecía muy incómoda con la situación. Otro paciente ha revelado que en una imagen en la que estaba sentado en el sofá con su padre, él lo estaba abrazando, mientras que su padre mantenía las manos unidas sobre las piernas como si no quisiera tocar al niño de seis años. Otra mujer ha encontrado una fotografía en la que su hermosa madre narcisista le sonreía a la cámara, mientras que ella estaba de pie a un lado con el rostro inexpresivo.

Una vez que hayas seleccionado las fotografías, elige marcos para ellas. Deben ser significativos para ti y representar algo que te guste, como un color, textura o cualquier cosa que te guste. Por ejemplo, podría ser de tu color preferido, adornado con imágenes de flores, animales, arte, deportes o instrumentos musicales. Una paciente ha elegido un marco con dibujos de pianos, porque ama tocarlo y su sonido le resulta tranquilizador.

Luego, coloca los marcos en un sitio donde los veas con frecuencia y asegúrate de poder moverlos donde acostumbres escribir tu diario. Le escribirás a tu niño herido, por lo que te servirá poder ver tu fotografía mientras lo haces.

Travis, de cuarenta y cinco años, compartió la importancia que ha tenido para él el trabajo con fotografías suyas y de su familia.

Me ha impactado encontrar una fotografía de cuando era peque-
ño. Parecía muy triste. La imagen me ha ayudado a sentir empa-
tía por ese niño y me ha despertado el deseo de ser más amable
conmigo como adulto. Al ver vídeos familiares viejos, he notado
cómo mi padre siempre buscaba la perfección, mientras que mi
madre le gritaba para que se detuviera. Los más pequeños nos
veíamos sorprendidos y confundidos, no divertidos ni alegres. Así
que, sin duda, este ejercicio me ha ayudado a ponerme en el lugar
de mi niño interior y he sentido mucha pena por él.

Claudia, de cincuenta y cinco años, ha hecho un descubrimiento
interesante al rebuscar en el arcón del altillo en busca de fotografías
de su infancia.

He encontrado una fotografía de mi madre narcisista en una
cama de hospital, sentada posando como si fuera una modelo. De-
trás de la imagen, había escrito un mensaje para mí: «Este fue el
día en que naciste. ¡Sé que debo tener una fotografía tuya de bebé
en algún sitio!». Esa fotografía y lo que escribió me han ayudado
a empatizar conmigo misma. He tomado consciencia de que de-
seaba nutrir a mi niña herida, porque no creo haber sido deseada
en aquel entonces. Todo se trataba de mi madre.

Comienza a hablar con tu niño interior

Ahora que te has hecho una imagen de tu niño interior, puedes
comenzar a hablarle. Algunas sugerencias sobre lo que podrías decir:

- Pregúntale cómo se siente.
- Dile que estarás ahí para él o ella y que te importa cómo se
  siente.
- Pregúntale qué necesita de ti.
- Usa tu compasión para decirle cómo te sientes. Dile todas las
  cosas buenas que se te ocurran.

- Pregúntale qué es lo que más lo tranquiliza cuando está alterado.
- Asegúrale que le darás lo que necesite.

Es posible que este ejercicio resulte extraño en un principio, es normal. Asegúrate de escribir lo que tu niño interior te transmita. Que no te sorprenda que reaccione con rabia porque no lo has cuidado bien hasta ahora. Durante el tercer paso, repite este ejercicio para estar en contacto con tu niño interior con frecuencia y saber qué necesita.

Prepara una caja de obsequios para tu niño interior

Prepara una caja de regalo especial, que debe representar algo que te guste, al igual que los portarretratos.[23] Puede tener cualquier tamaño y la irás llenando a medida que trabajas para reeducar a tu niño interior.

Los obsequios deben ser algo especial para tu niño interior, como su golosina, juguete o flor preferidos. Pueden ser fotografías de actividades que te gustaban, de música o actividades artísticas. Uno de mis pacientes ha escrito poemas; otro ha conseguido réplicas en miniatura de automóviles y camiones que le gustaban. Ofrecerle obsequios a tu niño interior te inspirará una sonrisa y te acercará más a él.

Prepara una caja de cosas indeseadas de tu padre o madre

A algunos pacientes con los que he trabajado también les ha servido preparar una caja con cosas que representen aspectos desagradables o indeseables de sus padres narcisistas. Si decides hacerlo, puedes incluir imágenes que ilustren lo que ya no quieres en tu vida. Pueden ser de comida, prendas de ropa o actividades que elegía, pero a ti no te gustaban. También puedes colocar trozos de papel en los que escribas castigos, frases o mensajes negativos que hayas recibido.

Terapia con muñecos

Algunas personas resoplan cuando menciono este ejercicio, pero a muchas les ha gustado y lo han encontrado terapéutico.

Consigue un muñeco que aparente cinco o seis años y que se parezca a ti cuando eras niño en términos de color de cabello, complexión y estilo. Sería mejor si fuera suave para abrazarlo.

El muñeco se convertirá en una representación concreta de tu niño interior, al que podrás acunar, tener en brazos, hablarle y brindarle amor. Puedes colocarlo sobre tu cama, sofá, tocador o cerca de tu ordenador, así podrás hablarle a diario y preguntarle qué necesita de ti. Algunos hombres prefieren un oso de felpa vestido con ropa de niño y otros se han saltado este ejercicio, pero a los que lo han hecho les ha parecido entretenido. De hecho, un hombre disfrutaba de traer a su muñeco a terapia, porque le gustaba sentarse en la recepción y que los niños que esperaban allí lo miraran intrigados. Aunque nos reíamos al respecto, durante sus sesiones sostenía a su oso para practicar cómo hablarle a su niño interior y le resultaba de mucha ayuda.

Clarissa, de cuarenta y cinco años, me ha dicho que no podía conectarse con su niño interior aun cuando todavía era niña, pero que no comprendió por qué siempre jugaba al mismo juego en el jardín hasta que comenzó con esta terapia. Entonces, se ha percatado de que había estado haciendo una representación de su trauma.

Solía sentar a mi muñeca debajo de un árbol con los brazos abiertos como si quisiera alcanzarme. Luego me alejaba, veía cómo extendía los brazos hacia mí y regresaba corriendo para alzarla, abrazarla y acunarla. No comprendí qué era lo que quería representar hasta ahora. El ejercicio con la muñeca me ha ayudado mucho a aprender cómo nutrirme a mí misma.

Es evidente que Clarissa estaba representando su deseo de que la abrazaran y amaran. Le brindaba a su muñeca de la infancia lo que ella misma necesitaba.

Visualízate como un niño

Busca un lugar tranquilo donde estés solo y puedas cerrar los ojos para imaginarte como un niño de distintas edades. Luego háblale a ese niño como adulto con amabilidad y compasión. Escucha a tu niño de la infancia y bríndale comprensión y amor.

Durante mi recuperación personal, he recurrido a este ejercicio y me ha resultado muy beneficioso. Después de que mis hijos se durmieran, me sentaba en una mecedora, cerraba los ojos y me imaginaba siendo niña. Veía a una pequeña de trenzas rubias muy largas y botas de vaquero rojas. Luego extendía los brazos y le pedía que se acercara y dijera qué necesitaba de mí. La primera vez, era una niña triste, molesta y enfadada que zapateaba con sus botas rojas, pero mientras me hablaba, supe que no había estado cuidando bien de ella y que debía comenzar a hacerlo. Hablamos acerca de lo que le había faltado en la infancia. Repetí este ejercicio con frecuencia y escribí en mi diario cada una de nuestras interacciones.

Háblale a tu niño herido acerca de reescribir los mensajes negativos como mensajes positivos

Hemos hablado de los mensajes negativos internalizados y, en el segundo paso, hemos trabajado para identificar a los más predominantes. Ahora que tienes una imagen más concreta de tu niño interior gracias a las fotografías y al muñeco, es hora de hablar de esos mensajes negativos con él.

Habla con tu niño herido como adulto paternal o maternal acerca de los mensajes negativos y dile cuál es la verdad sobre ellos. Los hijos de padres narcisistas tienen conceptos erróneos de sí mismos debido a lo que han aprendido, también tienden a tener expectativas irrealistas de sí mismos, y es necesario que esto cambie. Entonces, por ejemplo, si tu mensaje preponderante es «No soy lo bastante bueno», háblale a tu niño interior sobre las razones por las que sí eres suficiente. Cambia lo negativo por positivo con amor propio y compasión.

En un principio, el niño dentro de ti se resistirá al cambio de perspectiva, así que tendrás que insistir para reafirmarle que está bien ser quien es, que es suficiente, valioso y digno de amor. Esto no quiere decir que nunca hayas cometido errores, todos los cometemos a lo largo de nuestras vidas, pero es hora de perdonarte por ellos y de recordarle a tu niño interior que todos somos humanos y nos equivocamos.

Para lograr ser amorosos y compasivos con nosotros mismos, debemos comenzar por aceptarnos. La autoaceptación incluye todo lo que somos, nuestras debilidades, fortalezas, errores, logros, pasiones y sueños. Solo tienes que ser suficiente para ti mismo. Luego podrás comenzar a practicar cómo darte amor y compasión con la fotografía de tu infancia o con el muñeco.

A través de estos ejercicios, aprenderás que la validación proviene de tu interior y no de fuentes externas. Podemos ser nuestros propios padres fuertes como adultos, que siempre estarán con nosotros, amando y apoyando a nuestro niño interior.

Temas de escritura para reeducar al niño interior herido

A continuación, verás otros ejercicios de escritura que te ayudarán a reeducar a tu niño interior y a empoderarte.

- Escríbele a tu niño interior sobre aceptación, perdón, amor y compasión propios. Identifica qué funciona para ti y qué barreras sigues teniendo.
- Crea una lista de afirmaciones en tu diario para transmitirle a tu niño interior quién eres como adulto. Comienza cada una

con «Yo soy...». Inicia con frases simples y profundiza hasta identificar aspectos fundamentales de tu personalidad. Por ejemplo, puedes comenzar por: «Soy Richard. Tengo cuarenta y cinco años. Soy padre. Soy esposo. Soy contratista». Y luego seguir con rasgos más profundos, tales como: «Soy amigable. Soy honesto. Soy buen amigo. Soy de fiar. Soy amable. Soy amoroso».

- Con tu voz maternal o paternal, escríbele a tu niño interior diciéndole que es una persona buena y amorosa.
- Con tu voz adulta, escríbele a tu niño interior sobre lo que aprecias y atesoras de su carácter y sus valores. Por ejemplo, «Me gusta que seas amable y respetuoso con los demás aunque estés en desacuerdo con ellos».
- Con tu voz adulta, escríbele a tu niño interior sobre lo que te gusta de su cuerpo. Transmítele seguridad con compasión, comprensión, amabilidad y apoyo. No caigas en la trampa de escribir sobre lo que no te gusta; todos tenemos ciertos aspectos físicos que no nos atraen.
- Escribe sobre lo que has descubierto que le da tranquilidad a tu niño interior. Recuerda lo que te da paz a ti. Puede ser cierto género musical, salir a correr, meditar, hacer ejercicios de meditación o hacer rompecabezas.
- Si tienes álbumes de fotografías, vídeos o películas familiares en las que aparezcas de niño, dedícales un tiempo y luego escribe en tu diario lo que pienses al respecto con empatía hacia tu niño interior.

En busca de tu «auténtico yo»

Ahora que has aprendido a comunicarte con tu niño interior y practicas amor y compasión propios, es hora de comenzar la búsqueda de tu auténtico ser. Para ello, encontrarás sugerencias de ejercicios en esta tercera parte.

Crea un *collage* que represente a tu auténtico yo

Crea un *collage* que represente cosas importantes sobre ti; lo que crees, lo que amas, tus sueños, pasiones, talentos y rasgos. Puedes utilizar elementos pequeños, telas, fotografías e imágenes de internet o de revistas que reflejen quién eres, combinándolos con tu creatividad. Cada elemento debe ser algo significativo de tu verdadero ser. Para hacerlo, piensa quién eres en profundidad.

Uno de mis pacientes, hace poco tiempo creó un *collage* con imágenes de internet. Como músico, comenzó por un piano, luego añadió la imagen destacada de una mujer con un niño, que representaban a su esposa e hija. También ha incluido referencias a cosas que le gustaban, como los coches clásicos, la comida mexicana, la jardinería, el coleccionismo de sellos, los gorros de béisbol y los paisajes campestres. El resultado fue encantador, y mi paciente ha disfrutado mucho al crearlo y contarme sobre el proceso. Las imágenes que ha escogido representaban lo que amaba, lo que disfrutaba, sus valores y rasgos característicos. ¡Me ha encantado que incluyera un plato lleno de dónuts!

Enumera lo que te gusta hacer por diversión y en tu tiempo libre

Haz dos listas, una de lo que te gusta hacer en tu tiempo libre y otra de lo que te gusta hacer para divertirte «a lo grande». La primera puede incluir actividades como salir a caminar, leer, arreglar el jardín, ver la televisión, arreglar el coche, construir cosas, tejer, tocar un instrumento. Para la segunda, escribe las cosas que te muevan de verdad, que te hagan reír y te desconecten de tu vida ajetreada y de tus preocupaciones. Por ejemplo, bailar, hacer *snowboard* o patinaje, salir de fiesta o los juegos familiares. Deben ser actividades en las que te lo pases bien de verdad. Y es importante porque te recordará cómo llevar alegría a tu vida.

A muchos adultos les resulta difícil este ejercicio. He oído comentarios del estilo: «Ni siquiera sé lo que me gusta hacer», «No tengo pasatiempos» o «Todo lo que hago es trabajar». Si este es tu caso, piensa en lo que disfrutabas cuando eras niño. ¿Qué clase de juguetes te gustaban? ¿Qué actividades te atraían? Una de mis pacientes ha podido completar este ejercicio al pensar en su infancia.

Me solía chiflar escuchar música country en la radio. Recordarlo me ha ayudado a descubrir algo que me resultaría muy divertido siendo adulta: aprender a bailarla. Es fantástico. Cuando giro en la pista de baile, todas mis preocupaciones desaparecen.

Redescubre tus pasiones y talentos

En la búsqueda de tu auténtico yo, es importante identificar tus talentos. ¿Tienes habilidades para la música, el arte o el deporte? De niño, ¿te atraían ciertas actividades en las que utilizaras tus talentos especiales? Todos somos mejores en algunas cosas que en otras, para reconocer en cuáles no es necesario que seas una superestrella. Este ejercicio te ayudará a redescubrir habilidades que hayas olvidado. A veces, nuestras vidas son tan ajetreadas que olvidamos habilidades que hemos desarrollado siendo más jóvenes y hemos dejado de lado. El lado creativo necesita expresarse y tiene un propósito.

¿Qué te apasiona? No todo el mundo tiene una pasión, pero nunca es tarde para encontrar una. ¿Estás interesado en algo que nunca hayas explorado? ¿Te permites seguir tu curiosidad? Este es el momento de darte el premio de sentir pasión por algo. Lo mereces. Si aún no tienes una pasión, está bien; lo importante es que comiences a dedicarle tiempo a tus intereses y que te permitas probar cosas nuevas. Al avanzar en tu trabajo de recuperación y descubrir más sobre quién eres, podrías descubrir algo que te apasione.

Escribe en tu diario habilidades que hayas cultivado y que te gustaría volver a poner en práctica. También aquellas actividades nuevas que te gustaría explorar.

Gail, de cincuenta y ocho años, tocaba la guitarra con veinte y redescubrió su pasión más adelante.

222 • Familia Tóxica

Mi familia no valoraba la música y las preferencias de mi padre siempre estaban por encima de lo que yo deseaba. Pero en cuanto salí de casa al terminar el instituto, me compré una guitarra usada que encantaba tocar. Hace poco tiempo, encontré la guitarra en un armario, le he cambiado las cuerdas y he decidido ir a clases para recordar cómo tocarla. Me ha entusiasmado muchísimo, ¡y me sigue encantando! Lo hago solo para mí, pero cuando me veo con ánimos, la cojo y me gusta cómo hace que olvide todo lo demás para disfrutar de la música.

Don, de cuarenta y nueve años, solía montar aviones a escala cuando era niño, pero, con el tiempo, ha olvidado el placer que hallaba en la actividad.

Parece algo extraño para un hombre adulto, pero he dicho: «¡Al demonio, es divertido!». Y se me da muy bien. Me he permitido disfrutar de algo que he amado desde niño.

Registra tu estado físico

¿Cómo se encuentran tu salud física y tu imagen corporal? Mientras trabajas en tu ser auténtico y en ser más autocompasivo, también es momento de hacer un registro de tu bienestar físico, ya que es gran parte de quien eres. ¿Tienes algún problema de salud que hayas estado ignorando? ¿Citas médicas que hayas pospuesto? ¿Tienes adicciones que intentes controlar o abandonar? ¿Deberías hacer más ejercicio en tu vida diaria? ¿Cómo es tu imagen corporal? ¿Quieres hacer algo para cambiarla? ¿Duermes bien? ¿Te preocupa ser adicto al trabajo? ¿Controlas tu nivel de estrés?

Haz una lista en tu diario de tu estado físico general y de lo que quieres hacer para mejorarlo. Trabaja en cuidar bien de ti mismo con la compasión maternal o paternal que has hallado dentro de ti. Tu niño herido te lo agradecerá.

Identifica tus preferencias, valores y creencias

Como hemos visto, los hijos de narcisistas suelen verse obligados a mantener sus preferencias, valores y creencias ocultos. Es hora de que, siendo adulto, te permitas descubrir lo que de verdad deseas, disfrutas, valoras y crees.

A continuación, verás una lista de preguntas que te motivarán a pensar en qué te hace ser quien eres. Después de leerlas, aconsejo escribir las respuestas con tiempo, unas cuantas cada día. Las preguntas varían entre intereses mundanos y valores y creencias más filosóficos. Al responderlas, respeta tus pensamientos e ideas personales, ya que el diario será un nuevo autorretrato que refleje tu auténtico ser.

Mientras respondes las preguntas en tu diario, explica en detalle por qué has respondido de ese modo en particular.

- ¿Cómo serían tus vacaciones ideales?
- ¿Qué lugar del mundo es al que más te gustaría viajar?
- ¿Cuáles son tus comidas favoritas?
- ¿Qué deportes te gusta practicar?
- ¿Qué deportes te gusta ver?
- ¿Qué clase de películas te gustan?
- ¿Qué clase de libros te gusta leer?
- ¿Qué estilo de ropa te atrae?
- ¿Cuál es tu estación del año favorita?
- ¿Qué género musical te gusta escuchar?
- ¿Qué estilo de baile te gusta?
- ¿Qué clase de ejercicio físico disfrutas más?
- ¿Qué temas de conversación disfrutas más y con quién te gusta hablarlos?
- ¿Qué piensas respecto a la educación, tanto la tuya como la de tu familia?
- ¿Cuáles son tus creencias políticas?
- ¿Cuáles son tus creencias religiosas o espirituales?

- Si eres padre o madre o planeas serlo, ¿cuál es tu filosofía de crianza y cuáles son tus prioridades como padre o madre?
- ¿Qué es lo más importante para ti en una relación amorosa?
- ¿Cuáles son los rasgos personales que tendría tu pareja ideal?
- ¿Qué clase de amigos te atraen?
- ¿Qué es lo que más valoras en una amistad?
- ¿Qué te brinda satisfacción?
- ¿Qué te hace sentir pleno?
- ¿Qué te provoca alegría?

¿Cómo saber si has completado el tercer paso, reeducar a tu niño interior herido y convertirte en quien eres en verdad?

Cuando hayas completado este paso, comenzarás a percibir que te beneficias afirmándote a ti mismo y a tu vida.

- Te sentirás conectado con tu niño interior herido.
- Nutrirás a tu niño interior y escucharás sus necesidades y sentimientos.
- Cuidarás de tu niño interior.
- Te aceptarás más a ti mismo y podrás brindarte más amor y compasión.
- No te castigarás por tus errores.
- Identificarás elementos fundamentales para tu auténtico yo: preferencias, valores, sueños, deseos.
- Te brindarás más validación interna y necesitarás menos validación externa.
- Serás más capaz de reconfortarte a ti mismo.
- Borrarás mensajes negativos para reescribirlos como mensajes positivos que reflejen mejor tu realidad.
- Darás más lugar a la creatividad.
- Darás más lugar a la alegría en tu vida.

El club de las jirafas

En el capítulo anterior, mencioné las cualidades de expansión de las jirafas y cómo esos rasgos representaban nuestra posición en la familia narcisista. En lugar de vernos como la «oveja negra», podemos unirnos a la tribu de adultos en recuperación a la que llamo «club de las jirafas», en el que cambiamos nuestra percepción de nosotros mismos de ovejas negras a jirafas con una visión más amplia.

Imagina un prado con árboles altos en un extremo lejano. En medio del prado, hay un rebaño de ovejas con las cabezas gachas, todas haciendo lo mismo que la de al lado. Pero entre las ovejas, hay un grupo de jirafas, de piernas y cuellos largos, que pueden ver más allá del límite de los árboles. Por encima de la arboleda hay cosas que las ovejas no alcanzan a vislumbrar: amaneceres, atardeceres, visiones, sueños, posibilidades, soluciones y crecimiento sanador.

Las ovejas viven balando hacia las jirafas, diciéndoles que hagan silencio, bajen a su nivel y sean como ellas. El rebaño, que representa a nuestras familias narcisistas, nos dice: «no te desvíes y no desafíes lo establecido diciendo que hay problemas en esta familia».

Sin duda, las jirafas no encajan con las ovejas. Tienen los pies sobre la tierra, pero su visión es más amplia y pueden ver más que las ovejas. Gracias a sus cuellos largos, son capaces de abarcar un panorama más amplio. Como «jirafas» con perspectivas más auténticas y de mayor alcance, podemos revelar el secreto a voces de la familia, es decir, la dinámica disfuncional narcisista. La jirafa es un animal de poder que ve la verdad en su entorno, abraza la sanación y representa la importancia de creer en uno mismo.

¡Bienvenido al club de las jirafas![24]

Continuemos...

Ahora que has trabajado para desarrollar y fortalecer a tu auténtico yo y que te celebras y cuidas, estás listo para continuar con el siguiente paso: lidiar con el padre o madre narcisista y con el resto del nido.

12

Cuarto paso: Lidiar con el padre narcisista y con el resto del nido

Ahora, todo trata de establecer límites. Es difícil comprender por qué me tomó tanto tiempo ser capaz de ponerles barreras a mis padres y a mi familia. He aprendido que la forma de que los límites se respeten es respetarlos yo misma. Aún creen que soy la «hija problemática», pero ya no me importa.

Cherie, cuarenta y dos años.

El cuarto paso es el momento en que tú, iniciado en el proceso de recuperación, comienzas a tomar decisiones acerca de cómo será tu relación con tu padre o madre narcisista y con el resto de la familia en el futuro. Será un gran salto para lograr una autonomía sana. Gracias a que comprendes los detonantes emocionales que debes controlar, tu capacidad de establecer límites asegurará que progreses en la recuperación. Esto puede implicar que decidas tener poco o nulo contacto con uno o más miembros de tu familia para potenciar tu bienestar y cultivar una relación más manejable con ellos.

En este capítulo de gran importancia, hablaremos de tus decisiones respecto al contacto con tu familia, el arte de poner límites, el concepto del perdón, el trato con tu padre o madre narcisista y con otros miembros de la familia, otras aflicciones, la comprensión de otros patrones de paternidad y narcisismo y el reconocimiento de los dones que puedas haber recibido al crecer en tu familia en particular.

Decidir sobre el contacto con tu familia

Al iniciar la recuperación, el hijo adulto de padres narcisistas suele verse en la necesidad de decidir alejarse temporalmente de su padre o madre y de otros miembros de la familia para ser capaz de trabajar sin afrontar detonantes. Aunque ya hemos mencionado antes este tema, siempre aconsejo a mis pacientes que es mejor no tomar la decisión hasta llegar al cuarto paso, ya que podría ser diferente después de haber procesado el trauma. En un principio, quizás creas que la mejor opción es no tener contacto en absoluto, pero, al avanzar en el proceso, muchas personas toman decisiones diferentes. Sin embargo, existen situaciones muy tóxicas y peligrosas en las que es necesario limitar el contacto de inmediato, de modo que la decisión es muy personal.

Contacto cero

El contacto cero implica cortar la comunicación por completo con el padre o la madre narcisista o con otros miembros de la familia, según la situación. En general, esta decisión varía en función de los familiares; es decir, puedes mantener cierto grado de comunicación con algunos y ninguno con otros.

Tomar la decisión de contacto cero es muy difícil y suele generar más dolor y tristeza, pero, en muchos casos, es fundamental para la salud mental del paciente en recuperación. Quienes eligen este camino, pueden manejarlo de diferentes maneras. Algunos limitan las visitas o la comunicación de forma paulatina, de modo que los involucrados se acostumbren a la falta de contacto. Otros escriben cartas o correos electrónicos para informar a la o las personas que ya no desean mantenerse en contacto con ellas.

En caso de que debas informar a tus familiares la decisión de no vincularte con ellos mediante un mensaje escrito, te aconsejo que sea simple, vaya al grano y no se culpe a nadie. Asegúrate de reconocerla como tu decisión por tu salud mental. No tienes que defenderte, justificar ni explicar nada. Informarlos es solo una cortesía para que estén al tanto de tus intenciones.

Cuando le informas a un padre narcisista que no quieres mantener contacto con él, es probable que se ponga en alerta e intente comunicarse muchas veces contigo. Algunas personas deben bloquearlos en sus teléfonos y aprender a ignorar mensajes y correos electrónicos. Es más fácil decirlo que hacerlo, pero si tu salud mental requiere que tomes este camino, es importante que lo hagas.

En esta etapa, debes tener en cuenta que la reacción de tu padre o madre será diferente dependiendo de que haya sido narcisista negligente o absorbente. Es más probable que el absorbente fuerce el contacto y haga todo lo posible para convencerte. Por el contrario, el negligente podría renunciar a la relación y no intentar ponerse en contacto otra vez, ya que, de todas formas, se siente más cómodo ignorándote.

Stacy, de treinta y cinco años, tenía una madre narcisista negligente y un padre facilitador. Recuerda que los facilitadores suelen orbitar alrededor de los narcisistas, de modo que, cuando Stacy decidió no tener contacto con sus padres, ninguno de los dos lo notó.

Creo que mi madre prefería quitarme de su camino, así podía hacer que mi padre se centrara solo en ella. Cuando les comuniqué que dejaría de estar en contacto con ellos, ella no dijo nada ni me presionó. Mi padre tampoco. Sabía que era lo correcto para mí y ha sido prueba de todo lo aprendido en mi recuperación. Ellos tenían su propio mundo, en el que no había lugar para mí.

Lloyd, de cincuenta y seis años, tenía un padre narcisista absorbente. Cuando decidió tener contacto cero con él, se desató el infierno.

Les dije que ya no me comunicaría con ellos y que necesitaba que me dejaran solo. Mi padre se volvió loco. Me telefoneó, me envió correos electrónicos y mensajes y llamó a mi puerta muchas veces. Sentí que tenía un acosador. Mi esposa me ayudó a mantenerme cuerdo en el proceso hasta que por fin se tranquilizó. Pero, antes de hacerlo, tuvo algunas cosas que decir sobre mí y, por supuesto, ha culpado a mi pobre esposa de todo.

Lloyd y su esposa debían ir de la mano en relación con el contacto cero y tuvieron que hablar acerca de los límites repetidas veces hasta que se volvieron naturales para ellos. Él también apoyó a su esposa cuando sus padres intentaron culparla.

Contacto cordial

Llamo «contacto cordial» a tener poco contacto, pero mantener una relación diplomática con el padre narcisista y otros miembros de la familia. Tomar la decisión de mantener contacto cordial, implica reducir la comunicación y aceptar que ya no tendrás una relación de conexión emocional, sino una superficial. Debes aceptar el hecho y avanzar con los ojos abiertos, renunciando a las expectativas de lograr una conexión profunda o significativa con tu padre narcisista o facilitador. Su actitud hacia ti ya no te lastimará como antes y decidirás que ese nivel de contacto es el único modo de tener alguna clase de vínculo con la familia.

Para controlar el contacto debes establecer límites, no permitir comportamientos abusivos y controlar la comunicación. Es decir que cuando decides alejarte, lo haces; cuando quieres colgar el teléfono o dejar de responder mensajes, también lo haces. Aprendes a escuchar las señales de tus sentimientos y haces lo que es mejor para ti. Con contacto cordial, las conversaciones e interacciones son superficiales y amables, sin intentar ser cercano o vulnerable emocionalmente. Hacerlo mantendrá tus emociones a salvo en lugar de ponerte en riesgo de toparte con detonantes, además de que reducirá las probabilidades de que sientas ansiedad o decepción.

Como hemos visto antes, el contacto cordial tampoco funcionará hasta que hayas procesado el trauma, trabajado en la individuación y avanzado en la recuperación, de modo que hayas dejado atrás las esperanzas de entablar una relación más cercana con tu padre o madre narcisista o con otros miembros de la familia.

Si decides ver a algún familiar, intenta limitar el tiempo que pasan juntos y evita mencionar la disfuncionalidad o los problemas de la familia. Pregúntale cómo está, ¡sabes que eso le gustará! No hagas referencia a tu trabajo de recuperación, ya que es probable que adopte una actitud defensiva y no lo comprenda, a menos que también trabaje en su recuperación.

Mi paciente Merrilee, de cincuenta y dos años, me ha compartido su experiencia con el contacto cordial.

Después de trabajar en mi recuperación, tomé la decisión de continuar con el contacto cordial, pero ha requerido de un tiempo de práctica. Llamaba a mis padres cada dos semanas para saber cómo se encontraban, consciente de que la conversación giraría en torno a ellos, hablarían de lo que habían cenado, de las vidas de los vecinos, pero no me preguntarían por mí ni por mi familia. No tenía expectativas de que cambiara. De hecho, intenté hacer alguna broma en cada conversación para que fueran más banales. He aprendido a no ser vulnerable ni hablarles sobre mí y, por supuesto, tampoco me han preguntado.

Jerry, paciente de sesenta y cinco años, ha hecho una observación interesante respecto al contacto cordial con su familia.

Cuando decidí limitar el contacto con mi familia, pensé que sería algo difícil para ellos, pero, de hecho, ni siquiera lo han notado. Estaban cómodos con la situación, porque, de todas formas, ya solían ser superficiales y no tener conversaciones profundas.

Temas de escritura para decidir respecto al contacto con tu familia

- Si has decidido tener contacto cero, escribe acerca de lo que te ha llevado a tomar esa decisión.
- Escribe una carta para tu padre o madre narcisista u otro miembro de la familia comunicando tu decisión de contacto cero. (Puedes enviarla o no. El propósito es mayormente terapéutico y te ayudará a reafirmar la decisión y sus motivos).
- Escribe sobre tus miedos respecto a la decisión de tener contacto cero.
- Si has decidido tener contacto cordial, escribe acerca de lo que te ha llevado a tomar esa decisión.
- Escribe sobre tus miedos respecto a la decisión de tener contacto cordial.
- Ya hayas decidido tener contacto cero o cordial, escribe acerca de tus sentimientos de dolor y pérdida respecto a la decisión.

Establecer límites

Establecer límites implica poner barreras en las interacciones con los miembros de tu familia. Significa que has decidido cómo quieres comportarte con ellos y que te comprometerás con tu decisión, «Haré esto y no haré lo otro», con el objetivo de promover tu recuperación y tu bienestar.

Lo más complejo de poner límites es atenerse a ellos cuando te acosan, presionan o intentan hacerte sentir culpable. A muchas personas les resulta difícil porque no quieren herir los sentimientos de los demás o porque temen dejar de gustar o que el otro los abandone. Si le temes al abandono, no estás solo; muchos hijos de narcisistas se sienten abandonados emocionalmente y no desean arriesgarse a intensificar la sensación. Sin embargo, aprender a poner límites es importante para tu salud mental y para cuidar de ti mismo.

A pesar de que establecer límites podría hacerse de forma respetuosa, sin justificar o defender tus intenciones, es difícil hacerlo con un narcisista, pues no suelen tener o respetar los límites. En general, tampoco les han enseñado a los demás miembros de la familia a establecerlos y respetarlos.

La necesidad de poner límites puede surgir en diversas situaciones. Veremos algunos ejemplos y posibles vías para establecer un límite. La clave es decir lo que sientes, pero sin decirle a la otra persona lo que debe hacer.

> **Madre narcisista:** Cariño, has subido de peso. ¿Quieres que te compre pastillas para adelgazar?
>
> **Tú:** No, gracias. Me ocupo de mi propio cuerpo y de mi peso y decidiré qué hacer y cómo quiero estar.
>
> **Padre narcisista:** Me preocupa tu economía, eres irresponsable con el dinero. ¿Cómo piensas cuidar de tu familia?
>
> **Tú:** Escucha, papá, soy adulto y decido qué hacer con el dinero que gano. No me gustan tus comentarios. De hecho, son hirientes.
>
> **Hermano:** Oye, hermana, ¿por qué no vendrás a la comida familiar? Creo que te portas muy mal con nosotros. ¿Quién te crees que eres?
>
> **Tú:** Tengo mucho trabajo, no podré ir este año. Espero que os lo paséis de maravilla.
>
> **Tu hermana** toma prendas de tu armario sin pedírtelas y no te las devuelve.
>
> **Tú:** No me gusta que te lleves mi ropa. Creo que es una falta de respeto y me duele.

Padre narcisista: Cada vez que veo a tus hijos parecen niños mendigos. No los vistes bien y me dan vergüenza.

Tú: Son mis hijos y los criaré como me parezca. Tus comentarios son hirientes.

Padre narcisista: Cielos, parece que un tornado haya arrasado con esta casa. ¿Algún día piensas limpiar o contratar a alguien?

Tú: Es mi casa. Me ocuparé de la limpieza como me parezca mejor. Tus comentarios no son constructivos y me hieren.

Verás que no se trata de decirle al otro qué hacer, sino de dejar tus límites claros y, si quieres, de decir tus sentimientos. Reitero, no tienes que justificar, explicar o defender lo que digas.

Si no ponemos límites, pueden atropellar nuestras emociones y nos volvemos resentidos e irritables. Pero ¿qué sucede si ponemos límites y la otra persona no los respeta? Si fuera el caso, es el momento de alejarse de la situación, marcharse, colgar el teléfono o salir de allí como sea posible. No debes enfadarte ni hacer una escena; solo dirás cuál es tu límite y, si no lo respetan, te marchas.

Otros ejemplos de frases que puedes usar para establecer límites:

- Eso es hiriente y no lo escucharé en este momento.
- Lamento que tengas la necesidad de decirme eso, pero me iré ahora.
- Es un comentario interesante. (¡Qué interesante!)
- Eso no me parece bien.
- No me siento cómodo con esto.
- Esto a mí no me funciona.

Darlene, de cuarenta y siete años, ha tenido dificultades para ponerle límites a su padre narcisista, pero lo ha logrado. Así lo ha explicado:

Me di cuenta de que le temía a mi padre. Él hacía uso de la ira para hacerme perder la compostura y luego para hacerme sentir culpable si no hacía todo a su manera. He tenido que trabajar mucho para superar el miedo. Cuando tomé consciencia de que no cambiaría, empecé a poner límites y sentí una sensación renovada de libertad. Ahora solo informo con amabilidad de lo que haré y lo que no, y la reacción que tenga es problema suyo.

Milton, de cuarenta y cinco años, sentía compasión por todos excepto por él mismo. Siempre comprendía las emociones de otras personas y no quería empeorar las cosas diciendo que ya no estaba dispuesto a actuar de cierto modo o hacer ciertas cosas. En otras palabras, era incapaz de ponerle límites sanos a su familia narcisista, pues estaba atascado en su papel de cuidador codependiente. Cuando conversamos sobre esta dinámica, reveló:

Mientras crecía, aprendí que mis necesidades no eran importantes. Yo estaba allí para cuidar a todos los demás. Mi madre narcisista siempre dejó claro que debía cuidar de mi hermano menor y de mi padre facilitador. Yo debía ser el fuerte. Cuando entendí lo que es la codependencia y lo insalubre que es, supe que debía poner límites. Ahora me hago escuchar y me siento como una persona diferente.

Como hemos visto a lo largo de este libro, en una familia narcisista, aprendemos una definición errónea del amor. Para los hijos de un narcisista, el amor significa «qué puedo hacer por ti» o «qué puedes hacer por mí», lo que se convierte en el inicio de relaciones dependientes y codependientes. Profundizaremos sobre esto en el próximo capítulo, pero adelantaré que cuando dejas atrás la codependencia y pones límites, podrías sentir que no eres amoroso, y se debe a que has aprendido un concepto erróneo del amor.

Temas de escritura para establecer límites

- Escribe acerca de lo que te impide poner límites.
- Escribe acerca de los temores respecto a ponerle límites a tu familia.
- Escribe acerca de tus dificultades para ponerle límites a tu familia.
- Escribe acerca del miembro de tu familia que tenga más dificultades con los límites y a qué crees que se debe.
- ¿Alguien intenta hacerte sentir culpable si le pones límites?
- ¿Conoces a alguien que tenga buenos límites? Escribe acerca de las razones por las que lo respetas.
- ¿Tienes tendencia a sentirte culpable cuando pones límites?
- Escribe una frase propia que haya funcionado para poner límites.
- Escribe reconociendo tus nuevas habilidades para poner límites.

Cómo gestionar el perdón

¿Cuántas veces escuchamos que hay que olvidar y perdonar? ¿Que, si no practicamos el perdón, somos malas personas? Por otro lado, algunas personas piensan que el perdón significa dejar que un infractor se salga con la suya.

Cuando existe abuso de cualquier índole, veo el perdón como una forma interior de soltar. No se trata de que alguien se salga con la suya, sino de dejar ir la rabia vengativa dentro de ti para que no te consuma por dentro. Cuando seas capaz de perdonar a tu padre narcisista o a otros miembros de la familia por cómo te han tratado, te sentirás mejor.

Lewis Smedes, profesor de Teología y de Ética y autor de *Shame and Grace: Healing the Shame We Don't Deserve*, lo ha explicado de este modo:

La primera y, con frecuencia, la única persona a la que sana el perdón es a la que perdona. Cuando el perdón es genuino, liberamos a un prisionero, para luego descubrir que el prisionero éramos nosotros mismos. [25]

Aunque deseemos deshacernos de la rabia y el resentimiento hacia un padre narcisista, perdonarlo suele ser difícil, pues no suelen reconocer su comportamiento abusivo. No creen que haya nada de malo en el modo en el que te han criado y tratado. Por supuesto que es mucho más fácil perdonar a alguien que se arrepiente de sus actos, pero los narcisistas no suelen mostrar remordimiento y responsabilidad, claves para una buena salud mental. Entonces, ¿cómo llegamos a perdonarlos?

Aunque nuestros amigos y familiares nos digan que «el pasado es pasado, supéralo», no es tan fácil, en especial cuando se trata de una infancia traumática. Sabemos que la respuesta está en elaborar el trauma y trabajar en la recuperación y, como hemos aprendido en la sección previa de este libro, es un proceso. Una vez que te hayas embarcado en él, te aseguro que soltar para perdonar funcionará para ti. Pero debes darle tiempo para que sea auténtico y efectivo.

En palabras de Lily, de treinta y ocho años:

Al inicio de la recuperación, me era imposible solarme. Sentía demasiada rabia hacia mi madre narcisista y también mucha tristeza. Cuando alguien me decía que la perdonara y soltara, sentía deseos de gritarle que no entendía nada. Ahora que he avanzado tanto en mi recuperación, lo entiendo. La clave ha sido dominar mi trauma.

A lo que Lily llama «dominar» su trauma significa permitirte trabajar en tu infancia traumática abrazando y procesando tus sentimientos.

Shane, de cuarenta y tres años, ha crecido en una familia muy religiosa, en la que ha aprendido que el perdón era el único camino de bien. Ha llegado a terapia a trabajar temas vinculados con su crianza en una familia narcisista.

Me han enseñado a olvidar y perdonar. Así es como obra la Iglesia. Siempre debes tomar el camino correcto, pero ¿qué había de mis sentimientos? ¿Se suponía que tan solo debía olvidar cómo mi padre me había tratado durante toda mi vida? Estaba estancado allí y necesitaba ayuda. Aprender a soltar internamente me ha ayudado a seguir adelante. No se ha tratado de aceptar el comportamiento abusivo, sino de no permitir que siguiera controlándome.

A algunas personas se les dificulta perdonarse a sí mismas. Es posible que en las primeras etapas de la recuperación hayas peleado o reaccionado mal con algún miembro de tu familia, ya que desconocías cómo gestionar el trauma de haber crecido en un entorno narcisista. Quizás te arrepientas de algunas cosas que hayas dicho o hecho, pero recuerda que todos somos humanos y que está bien tener arrepentimientos y perdonarnos por cosas que no hemos sabido manejar. Este es un proceso humano.

Temas de escritura para manejar el perdón

- Escribe acerca de tus dificultades con el perdón. ¿Cuál es tu mayor barrera?
- Escribe acerca de tus valores personales y cómo se relacionan con tu gestión del perdón. ¿Qué has aprendido acerca del perdón?
- Escribe sobre perdonarte a ti mismo. Todos somos humanos y es muy importante poder perdonarnos a nosotros mismos. Antes de comprender tu trauma, es posible que hayas reaccionado de formas que no te han gustado. ¿Ahora eres capaz de perdonarte?

Gestionar el resto del nido

Después de todo lo aprendido acerca de la dinámica familiar narcisista, es hora de tener en cuenta algunas decisiones respecto al resto de sus miembros: el padre o madre facilitador y los hermanos. ¿Cómo puedes gestionar tu relación con ellos de modo que tu proceso de recuperación y sanación avance?

El facilitador

A pesar de que en algunas familias hay dos padres narcisistas, lo más frecuente es que exista un padre o madre narcisista y una pareja facilitadora que orbite a su alrededor. Por desgracia, la consecuencia de ambos patrones es que ninguno de los dos cubre las necesidades emocionales de sus hijos. Como hijo de un narcisista y un facilitador, es posible que también tengas traumas que resolver respecto a tu padre o madre facilitador.

Por ejemplo, podrías preguntarte por qué el facilitador no te ha protegido. ¿Por qué siempre se ha puesto del lado del narcisista? Ha sido parte del equipo que no ha cubierto tus necesidades. ¿Qué trabajo de recuperación debes hacer para gestionar la relación con tu padre o madre facilitador? Podría incluir terapia familiar, si es que dicho padre o madre lo acepta. En caso de que no lo acepte, lo que suele suceder, deberías repetir los pasos del proceso centrándote en el facilitador y en cómo te ha lastimado al no protegerte y defenderte.

Algunos adultos tienen relaciones cercanas con sus padres facilitadores, pero otros no, ya que hubiera sido una amenaza para el narcisista y, por lo tanto, la ha desalentado. Cualquiera que sea la situación de tu familia, es importante que hagas las paces con tu padre facilitador en tu corazón. También tendrás que tomar la decisión de mantener o no el contacto, o el narcisista podría tomar la decisión por ti, como fue el caso de mi paciente Jasmine, de veintinueve años.

Jasmine tenía una madre narcisista y un padre facilitador. Siendo adulta, tenía relación con su padre, pero su madre era negligente y, por lo tanto, no había conexión entre ellas. En una ocasión, Jasmine estaba organizando unas vacaciones familiares cerca de donde vivían sus padres y quería que su hijo viera al abuelo, aunque ella no planeara ver a su madre.

Quería ver a mi padre y que mi hijo viera a su abuelo, así que lo invité a comer y pasar un tiempo juntos, pero no invité a mi madre. Él no asistió, y entendí por qué: le temía a la ira de mi madre. Era incapaz de enfrentarse a ella. Rechazó mi invitación y volvimos a tener muy poco contacto. Aunque me entristece, estoy aprendiendo a aceptarlo. Sé que será así y no puedo controlarlo.

Robert, de cuarenta y cinco años, tenía dificultades para mantenerse conectado con su madre facilitadora. Todos en la familia temían la rabia y el comportamiento controlador del padre si algo no salía como él esperaba. En un momento dado, Robert tomó valor para hablar con su madre al respecto y encontraron el modo de tener cierto vínculo.

Me daba miedo mencionárselo a mi madre, pero finalmente le he dicho que era probable que no me comunicara más con mi padre, pero deseaba seguir teniendo conexión con ella. Hemos acordado que hablaríamos y nos escribiríamos mensajes y correos electrónicos cuando mi padre estuviera trabajando fuera de la ciudad. Aunque no acabó de gustarle, también quería seguir en contacto conmigo. Ambos nos sentimos muy tristes, pero está funcionando. Es mejor que cortar la comunicación con ella por completo.

Hermanos

Hemos visto que los hijos de familias narcisistas tienden a ser ubicados en papeles tales como el de chivo expiatorio, niño perdido y favorito. Los papeles pueden cambiar con el tiempo, de modo que un hijo podría tenerlos todos; dependerá de las necesidades del momento del narcisista, ya que siempre prevalecen sobre las de los hijos.

Si tienes hermanos cercanos, eres muy afortunado, y recomiendo compartir y analizar la historia familiar con ellos, si están dispuestos a hacerlo. En caso de iniciar la recuperación juntos, podéis compartir vuestros pensamientos y ejercicios de escritura. Tener hermanos con quienes hablar sirve como validación y ayuda mucho en el proceso de recuperación.

Tristemente, durante mi investigación y práctica clínica, he visto con demasiada frecuencia que los hermanos criados en familias narcisistas no son cercanos de adultos. Se debe, en general, al hecho de que no los han animado a ser cercanos emocionalmente ni a apoyarse entre sí. Es más probable que hayan aprendido a compararse, competir, celarse y no brindarse apoyo.

No ser cercano a los hermanos es otra pérdida que tratar. He conocido a muchos adultos que han intentado conectar con sus hermanos durante la recuperación, pero se han visto decepcionados. Con frecuencia, la persona que no está interesada en la recuperación se siente amenazada por la revelación de la disfuncionalidad de la familia, puede desear permanecer en negación o sentirse molesta porque su hermano o hermana daña la imagen de la familia «perfecta».

Si has crecido siendo codependiente, que es el caso de muchos de nosotros, debes ser el que intenta «arreglar» a la familia y volver a unirla, pero sin éxito. Tus esfuerzos resultan en más desilusión y en la sensación de no ser lo bastante bueno. Recuerda que desaprender la codependencia tendrá el beneficio de que aprenderás a cuidar de ti mismo en lugar de preocuparte siempre por cuidar de otras personas. Aunque es comprensible que desees tener una relación cercana con tus hermanos, es más importante que logres una relación sana contigo mismo.

Janelle, de sesenta años, es cercana a su hermana y analizan la dinámica familiar juntas. Pero también tienen dos hermanos que se sienten muy amenazados cuando ellas mencionan algo negativo de la familia.

Agradezco mucho poder hablar con mi hermana, pero nuestros hermanos apenas nos hablan y tenemos muy poca conexión con ellos. Nos llaman las «locas». Para nosotras es triste, porque nos estamos perdiendo ver a nuestros sobrinos y sobrinas y a las extensas conexiones familiares que todos necesitamos.

Janelle y yo hemos hablado de aprender a aceptar las limitaciones de sus hermanos y también sobre generar conexiones individuales con otros miembros de su familia extendida, como sus sobrinos y sobrinas.

Carl, de cincuenta y dos años, fue criado con su hermano en una familia con un padre narcisista y una madre facilitadora. Los dos chicos eran puestos uno contra el otro; uno era el chivo expiatorio, y el otro, el favorito. Debido a las comparaciones constantes, son muy competitivos a día de hoy. Carl tenía el papel de chivo expiatorio.

Ahora veo la disfuncionalidad de la familia y no culpo a mi hermano, pero, al parecer, tampoco logro entablar una relación cercana con él. Ha adoptado algunos rasgos narcisistas de nuestro padre y me ve como el «fracaso» de la familia. Los tres me rechazan y no me aceptan como soy. Afortunadamente, ahora me acepto a mí mismo, pero las pérdidas han sido inmensas. Aún tengo la sensación de no ser aceptado y no encajar.

Carl ha tenido que regresar al primer paso para trabajar en la aceptación de las limitaciones de su hermano. Aunque ya había trabajado con las de sus padres, debía hacer lo mismo con las de su hermano.

Crecer en una familia controlada por un narcisista afecta a todos, y el trabajo terapéutico de manejar sus consecuencias incluye abordar las relaciones con cada uno de los miembros de la familia. Tus esfuerzos son parte importante de la recuperación y los siguientes ejercicios te ayudarán en el proceso.

Temas de escritura para gestionar el resto del nido

- Escribe acerca de tu padre o madre facilitador y sobre qué clase de relación te gustaría que tuvieran.
- Escríbele una carta a tu padre o madre facilitador diciéndole lo que te ha dolido de su crianza. (La carta tiene fines terapéuticos, no debes enviarla).
- Escribe sobre cada uno de tus hermanos, enfocándote en su capacidad de ver la disfuncionalidad de la familia.
- Escribe acerca de la pérdida y el dolor que sientes en relación con tu padre o madre facilitador y tus hermanos.
- Si eres hijo único, escribe acerca de cómo afecta tu recuperación como hijo adulto de una familia narcisista.
- Escribe sobre lo que puedes cambiar o no en tu relación con los miembros de tu familia de origen.
- Escribe sobre lo que necesitas aceptar respecto a tu relación con los miembros de tu familia de origen para seguir adelante en tu recuperación.

Comprender la historia de crianza y narcisismo de la familia extendida

Las personas tienden a criar a sus hijos del mismo modo en que fueron criadas, consciente o inconscientemente. Es posible que no piensen en cultivar sus propios valores parentales ni tengan en mente las consecuencias del trato que han recibido en la infancia. Por ejemplo, si has crecido con un padre narcisista autoritario, tratar a tus hijos del mismo modo, con dureza, vergüenza y castigos en lugar de empatía, enseñanzas y amabilidad, sería una reacción natural.

Entonces, ¿el narcisismo puede ser heredado? La realidad es que puede ser transmitido durante generaciones, ya que suele malinterpretarse y no tratarse de forma apropiada. Dicho esto, la mayoría de mis pacientes declaran haber aprendido cómo *no* querían ser como padres.

Reconocer y entender la historia de crianza y de narcisismo de tu familia puede ayudarte en la recuperación. ¿Dónde se ha originado el narcisismo de tu padre o madre? ¿Ha sido criado por narcisistas? ¿Y sus padres? A veces, los narcisistas mencionan experiencias de su crianza y características de sus padres que podrían darte indicios de la presencia de narcisismo en su sistema familiar. Es importante para tu recuperación averiguar sobre el pasado familiar en relación con la crianza en general y con el narcisismo en particular. Si no logras averiguarla con tus padres, podrías buscar a una tía, tío, abuela, abuelo o amigo cercano de la familia que te hable de los patrones de comportamiento pasados de tu familia de origen y familia extendida.

Aunque es cierto que los valores sociales y las expectativas de crianza cambian con las generaciones y las filosofías y sistemas de creencias puedan variar, en mi experiencia, no he visto que una generación sea más narcisista que otra. Esto se debe a que es un trastorno de la personalidad propio de un individuo, no necesariamente de una cultura. Puedes entenderlo mejor si miras hacia atrás en tu propia familia. Es probable que encuentres a familiares capaces de mostrar empatía y apoyo emocional sin importar a qué generación pertenecieran ni los valores sociales de la época.

Por ejemplo, mi abuela, que nació en 1901, fue madre durante la Depresión y la Segunda Guerra Mundial, una época en la que los niños debían ser vistos pero no escuchados. De todas formas, ha sido la persona más afectuosa, educativa y empática de mi vida. Su generación se basaba en el trabajo duro y la determinación, pero ella era dulce, divertida y cálida con todas las personas, en especial con los niños.

¿Qué podrías descubrir acerca de la historia de crianza de tu familia y la posibilidad de incidencia del narcisismo?

Temas de escritura sobre la historia de crianza y narcisismo en tu familia extendida

- ¿Hay alguien en tu familia (más allá de tus padres y hermanos), con quienes podrías hablar sobre la historia de tu familia extendida? Identifica a esas personas y escribe sobre ellas en tu diario.
- Conversa con esas personas acerca de la historia de crianza en tu familia extendida. Toma notas en tu diario.
- Pregúntales a tus parientes o amigos de la familia en quienes confíes cómo te veían de pequeño, cómo veían el estilo de crianza de tus padres y qué saben de tus abuelos.
- Si tus familiares no conocen el significado de narcisismo, puedes usar estas preguntas para iniciar una conversación sobre la familia extendida.
  - ¿Has tenido una infancia feliz?
  - ¿Te has sentido amado por tus padres?
  - ¿Has sentido que recibías suficiente atención al crecer?
  - ¿Tus padres han hablado contigo sobre sentimientos?
  - ¿Te has sentido escuchado?
  - ¿Cómo te disciplinaban tus padres cuando se molestaban contigo?
  - ¿Han alentado tu individualidad o debías encajar en la imagen familiar esperada?
  - ¿Tu madre o padre se preocupaban demasiado por lo que otros pensaban en lugar de por cómo te sentías?

¿Has recibido algún don inmaterial al crecer en tu familia narcisista?

Es probable que niegues con la cabeza y pienses: «¡Solo he recibido la certeza de que no quiero parecerme a mis padres!». Pero las personas y las situaciones no son siempre blancas y negras, y no siempre queda claro si las experiencias son positivas o negativas.

En esta etapa de la recuperación, te animo a pensar en los dones inmateriales que hayas recibido al crecer en tu familia. Piensa en los talentos, habilidades y fortalezas que podrías haber heredado de tus padres.

Por ejemplo, después de la muerte de mi madre, tuve una serie de pensamientos y recuerdos sobre ella y sus múltiples talentos. Era una excelente cocinera, pastelera, jardinera, pianista, música y vocalista y sabía bailar al ritmo del buguibugui. Podía empapelar lo que fuera, coser, tejer y bordar. Le encantaban las manualidades. Era muy trabajadora, organizada y una excelente ama de casa. He heredado algunos de sus increíbles talentos, aunque no todos.

Creo que mi padre me ha transmitido su gran ética de trabajo, su autodisciplina y el amor por el baile. También era un coleccionista ávido y apreciaba mucho sus colecciones.

A pesar de haber crecido en una familia narcisista, he recibido muchos dones de mis padres.

Podrías haber heredado la inteligencia o la curiosidad de tu padre, o sus habilidades musicales, artísticas, mecánicas o constructivas. Es muy interesante pensar en las características positivas que se han transmitido de generación a generación.

Aunque debemos aceptar la falta de conexión emocional, de empatía, de nutrimento y de amor incondicional, también podemos agradecer lo positivo que hemos adquirido de nuestros familiares.

Temas de escritura para reconocer los dones recibidos de la familia narcisista

- Haz un inventario de los talentos, habilidades y atributos de tus padres y escríbelo en tu diario.
- Piensa en cuáles de esos talentos, habilidades o atributos posees y escribe sobre ello.

- Escríbeles una carta de agradecimiento a tus padres por los dones que has recibido (no la envíes).

Continuemos...

Ahora que has trabajado en cómo manejar a los miembros de tu familia durante la recuperación, estás listo para el quinto paso: poner fin al legado de amor distorsionado.

Has recorrido un largo camino, ¡felicitaciones!

13

Quinto paso: Poner fin al legado de amor distorsionado

Mi aprendizaje más importante durante el quinto paso ha sido que sentía una atracción inconsciente hacia lo familiar, por lo que tenía amigos y parejas narcisistas. Era como si tuviera un letrero de neón que dijera: «¡Me encantan los narcisistas!». Ahora, cuando veo cualquier indicio de narcisismo, salgo corriendo.

Dan, treinta y siete años.

El objetivo de este paso es ayudarte a ti, superviviente de una crianza narcisista, a tener consciencia de ti mismo para no repetir relaciones con dinámicas insanas en tu vida adulta. Mientras estás en el proceso de recuperación, debes decidir cómo relacionarte con los demás, incluso con tu pareja, amigos e hijos. Esta etapa podría requerir poner fin a algunas relaciones o limitar la interacción con personas que no se han recuperado, lo que implicaría más dolor. Pero analizar este dolor abrirá paso a posibilidades infinitas; entre ellas, la oportunidad de sentir alegría y felicidad verdaderas y sin condiciones.

En este capítulo, aprenderás sobre la crianza empática, relaciones sanas de amor independiente y amistades recíprocas. También te daré las herramientas necesarias para evaluar tus propias tendencias narcisistas, de modo que las mantengas bajo control o las elimines por completo.

La clave para prevenir un legado de amor distorsionado es el trabajo de recuperación. Si de nosotros depende, ¡no habrá más narcisismo en las generaciones venideras!

Dado que nuestras historias comenzaron siendo hijos de padres narcisistas, comencemos desenmarañando el proceso aprendiendo a ser buenos padres.

Crianza empática

Muchos hijos adultos de padres narcisistas dicen sentir un temor profundo a ser como sus padres. La empatía es la antítesis del narcisismo. Entonces, para no continuar con el legado, si tenemos hijos o queremos tenerlos algún día, el principal objetivo es aprender a criarlos con empatía.

¿Qué es la crianza empática? Implica que cada vez que surjan asuntos problemáticos, nos esforcemos por comprender y validar los sentimientos de nuestros hijos antes de actuar. Es la regla principal de la crianza empática, que se aplica a casi todas las situaciones, con excepción de momentos en los que el niño esté en peligro y debamos actuar rápido para protegerlo. Por ejemplo, si un niño está corriendo por la calle, primero debemos detenerlo y luego recurrir a la empatía. Sin embargo, en la mayoría de los casos, empatía y validación son el primer recurso.

Si piensas en cómo te han criado, es probable que descubras que no has sido visto ni escuchado y que te han enseñado a seguir las reglas de tus padres. Tus sentimientos no eran importantes, así que no te sentías cómodo expresándolos. La crianza empática significa preocuparse por los sentimientos del niño y reconocerlos, de modo que sepa que son reales. No es lo mismo que ceder ante cualquier capricho, sino que el niño sea visto, escuchado y comprendido, al tiempo que aprende a seguir las reglas y a hacer lo correcto. Como padre o madre, eres el jefe, ya que los hijos no se sienten seguros a menos que sientan que sus padres están a cargo. Pero no eres el jefe de los sentimientos de tus hijos, ellos tienen derecho a sus propias emociones.

Echemos un vistazo a las bases de la crianza empática, resumidas en cinco pasos:

1. Ayuda a tu hijo a identificar sus sentimientos.
2. Repítele los sentimientos que ha expresado para asegurarte de haberlos comprendido.
3. Valida y empatiza con los sentimientos de tu hijo.
4. Ignora el contexto que ha originado esos sentimientos hasta haber completado los pasos uno al tres.
5. Por último, ocúpate de lo que ha originado esos sentimientos y lo que puedas hacer al respecto.

¿Cómo ayudamos a los niños a identificar sus sentimientos? Si has crecido en una familia narcisista, es posible que no lo hayas aprendido tú mismo y que debas practicar junto con tu hijo. Recuerda que los hijos de narcisistas aprenden que sus sentimientos no son importantes, así que, como padre, harás uso de habilidades nuevas para enseñarle a tu hijo que los suyos *sí* importan.

Para comprender mejor cómo aprenden los niños sobre sentimientos, pensemos en uno muy pequeño. A muy corta edad, los niños no entienden lo que sienten ni cómo expresarlo, hasta que se los enseñamos. Es frecuente que los más pequeños lo demuestren con comportamientos como dar golpes o patadas, llorando, chillando, lamentándose o arrojando cosas. Podrás pensar: «¡Es exacto cómo se comportaba mi padre narcisista!». Y es verdad, ya que los narcisistas se quedan estancados a una edad emocional muy temprana. Es por ello por lo que suelen actuar como niños de seis años.

Pondré como ejemplo la forma en que Piper, de tres años, maneja sus sentimientos durante un día de juegos con su amiga Amanda, también de tres años. La afortunada Piper ha recibido una muñeca nueva para Navidad como obsequio de su abuela y la aprecia mucho. Pero ¿qué quiere hacer Amanda? Jugar con esa muñeca también, así que la toma y comienza a mecerla en sus brazos. Piper está azorada, pensando: «¡Esa es mi muñeca!». Así que se acerca, empuja a la otra niña, le arrebata la muñeca y se echa a llorar. Está muy enfadada porque Amanda le ha cogido la muñeca, pero no sabe cómo identificar ni controlar sus sentimientos.

Si sus padres tuvieran una respuesta no empática, la reprenderían por no compartir la muñeca, harían que se la diera a Amanda e incluso la castigarían diciéndole que no puede jugar más con la muñeca durante el resto del día. Esta reacción haría que Piper no comprendiera la situación y se sintiera confundida. Probablemente, pensaría que es una niña mala, pero sin saber por qué. A fin de cuentas, debe de pensar: «¡Es mi muñeca! ¡Amanda no debería haberla cogido!».

En cambio, si tuvieran una respuesta empática, seguirían las cinco reglas enumeradas más arriba para manejar la situación:

1. El padre empático se agacha para poner su mirada a la altura de la de Piper y le pregunta lo que siente. Si la niña no es capaz de identificarlo, le da algunas ideas. Por ejemplo: «¿Qué pasa, cariño? ¿Por qué estás molesta?». Es posible que Piper no reconozca sus sentimientos como confusión y rabia, a pesar de saber que está molesta con Amanda por haber tomado su muñeca.

2. Si Piper no puede identificar sus sentimientos, el padre empático podría decirle: «Cariño, creo que te sientes molesta porque Amanda quiere jugar con tu muñeca». Tal vez, la niña diga que sí y se eche a llorar.

3. y 4. Luego, el padre muestra empatía y validación por los sentimientos de Piper, diciendo algo como: «Entiendo que tengas
problemas con que Amanda quiera jugar con tu muñeca especial. Es difícil compartir los juguetes especiales. También
me sentía de ese modo cuando era niño. Es normal tener sentimientos y molestarse de vez en cuando. Hablemos sobre
eso». Así, Piper tendrá la oportunidad de expresar emociones
importantes, de ser vista y escuchada y de que el padre empático valide sus sentimientos.

5. Ahora, el padre empático puede hablar sobre compartir los
juguetes y ayudar a las dos niñas a compartir la muñeca o a
llegar a alguna otra solución. Quizás, Amanda también pueda
hablar de sus juguetes especiales.

Lo más importante es permitir que el niño tenga sentimientos,
normalizarlos y validarlos y, luego, trabajar en una solución. Quienes
hayan practicado este proceso sabrán que mostrar atención empática
hacia los sentimientos de un niño alivia la mayoría de las rabietas y,
poco a poco, le enseña al niño a identificar y procesar sus propias
emociones. Luego, el niño aprende que está bien tener sentimientos
y que es bueno hablar de ellos.

Con los niños más pequeños, iniciamos con los sentimientos
básicos que pueden identificar: enojo, tristeza, alegría, miedo. Podemos reducirlos a situaciones que enfrentarán a su edad. Durante el
tratamiento de niños en terapia, dibujábamos rostros con estas emociones y luego conversábamos sobre ellas. En internet, hay tablas de
emociones a disposición para casi todos los grupos etarios, puedes
imprimirlas y colgarlas en la nevera o en algún lugar conveniente de
la casa. ¡También hay tablas para adultos!

Este proceso de identificar y hablar sobre sentimientos puede
realizarse con niños de todas las edades. Veamos el ejemplo de un
niño de tercero de primaria llamado Barry. Sus padres no lo saben,
pero Barry sufre acoso escolar por parte de uno de sus compañeros.

Un día, el niño despierta y anuncia que no irá a la escuela, dice que la odia y que le duele la barriga. Sus padres se sorprenden, porque, hasta entonces, Barry amaba la escuela y era muy buen estudiante.

Un padre no empático le daría un sermón acerca de la importancia de la escuela y concluiría en que, ya que Barry no tiene fiebre, irá a la escuela. «¡Fin de la discusión!».

En cambio, un padre empático seguiría los cinco pasos:

1. y 2.   Determinar si Barry está o no enfermo; para ello, le preguntará qué siente y qué le pasa. En general, los niños de esa edad revelan lo que les pasa y lo que sienten si saben que serán escuchados. De hecho, necesitan que los padres estén allí para ellos, que los escuchen y comprendan. Cuando Barry revela que sufre acoso escolar, el padre lo ayuda a identificar los sentimientos de miedo e irritación.

3. y 4.   Los padres de Barry validan sus sentimientos y empatizan con él. El padre podría decir algo como: «Entiendo que debe darte miedo ir a la escuela con un compañero que te provoca y amenaza».

5.   Luego, el padre se ocupa de cómo abordar el problema de acoso, sin dejar a Barry como un niño malo por no querer ir a la escuela.

Este proceso de cinco pasos también sirve para adolescentes. Por ejemplo, Olivia, de quince años, quiere ir a una fiesta con sus amigos el sábado por la noche, pero sus padres no quieren darle permiso porque no saben quién dará la fiesta. Entonces, le dicen que no, y Olivia hace una rabieta, los insulta, les dice que los odia y da un portazo.

El padre no empático se enfurece por el comportamiento de Olivia, le grita y le impone un castigo. «¡¿Cómo les hablas así a tus padres?! ¡Te quedarás sin teléfono por una semana, jovencita!».

El padre empático sigue los cinco pasos con calma e intenta identificar los sentimientos de Olivia.

1., 2., 3. y 4.   Cuando Olivia expresa rabia porque no la autorizan a hacer lo mismo que sus amigos y su tristeza por no poder salir con su grupo de pertenencia, sus padres validan que son sentimientos normales y luego empatizan con la necesidad de estar con sus amigos.

5.   La validación ayudará a que Olivia se tranquilice y escuche razones y soluciones. Sus padres refuerzan la regla de saber de quién es la casa a la que irá, pero ayudan a Olivia a pensar cómo compartir tiempo con sus amigos en otra ocasión cercana. Hablan con ella acerca del respeto, pero no la castigan por tener emociones intensas, pues saben que ayudarla a gestionarlas es más importante.

Aunque estos ejemplos de crianza empática, enfocada en los sentimientos en lugar de en castigos, suenen como casos comunes, he oído muchas historias desgarradoras de adultos acerca de cómo sus padres narcisistas los castigaban por mostrar emociones. En estas familias, no está bien que los hijos carguen a los padres con sentimientos complicados, así que no los reconocen ni respetan.

Lo mejor de los cinco pasos de la empatía es que funcionan en toda clase de relaciones de todas las edades. También se utilizan en terapia de pareja para que los dos se escuchen, compartan vulnerabilidades, identifiquen sentimientos y aprendan a validarlos y a empatizar con ellos.

Valores de crianza claves

Además de la crianza empática, existen otros valores claves que ayudan a no perpetrar el legado de amor distorsionado de la familia.

Demuéstrales a tus hijos que te valoras y los valoras a ellos por lo que cada uno es

Si has internalizado el mensaje de que no eres lo bastante bueno, aprender a valorarte a ti mismo y a tus hijos por quienes son es, quizás, una de las metas más importantes en el trabajo de recuperación. Los niños aprenden mucho más de lo que ven que de lo que escuchan de nosotros; entonces, ser consciente de la importancia de mostrar autoaceptación y amor propio te ayudará a identificar si actúas de acuerdo a los mensajes negativos internalizados en el pasado. Asegúrate de que tus hijos sepan que son queridos y aceptados como son, al igual que te aceptas y quieres a ti mismo.

Valora a la persona, no solo sus logros

Este valor tiene una relación estrecha con el anterior. Es fácil enfocarnos en «mi hijo, el jugador de fútbol» o «mi hija, la bailarina de ballet», pero recuerda valorarlos y darles crédito por quienes son como personas, antes que nada. Busca los rasgos que definen su personalidad: cómo tratan a los demás, qué es lo más importante e interesante para ellos, qué les despierta curiosidad, cómo lidian con la frustración. Una amiga cercana siempre me cuenta cosas dulces de su hijo de nueve años, que suelen centrarse en la amabilidad y sensibilidad del niño, en cómo se preocupa por los demás, lo curioso y bueno que es. El pequeño también es hábil en muchas cosas, en particular en los deportes, pero su madre lo reconoce todo. Amar a un hijo, o a cualquier otra persona, es amar a quién es, no lo que hace.

Enseñar y mostrar responsabilidad

Hemos visto el concepto de responsabilidad, en particular en relación al narcisista, quien tiene poco interés en demostrarla. Entonces, tiene sentido querer enseñarles a nuestros hijos a ser responsables de su comportamiento. Lo importante es hacerlo sin culparlos o avergonzarlos. Aprender a ser responsables de nuestros actos es central para una salud mental fuerte. Si abordamos la paternidad conscientes de que todos cometemos errores y nadie es perfecto y podemos enseñarles a nuestros hijos a ser dueños de su comportamiento, iremos por el camino correcto. También es clave demostrar responsabilidad delante de los niños, reconociendo nuestros errores. Por ejemplo, tal vez pierdas la paciencia y le grites a tu hijo, como muchos hemos hecho. Si le dices que lo lamentas y que hubieras querido actuar de otra forma, el niño también aprenderá a hacerse cargo de sus actos.

No enseñar pretender privilegios

Sentirse con derechos es un rasgo del narcisista. Aunque queramos atesorar, adorar y amar a nuestros hijos sin condiciones, no debemos darles el mensaje de que son más importantes ni que merecen más que los demás. Todos debemos aprender a esperar nuestro turno y hacer cola; no siempre ganamos ni nos salimos con la nuestra. Es bueno reconocer las cosas maravillosas que hacen nuestros hijos y sus comportamientos dulces, pero eso no implica enseñarles que son mejores que otros y que merecen más en la vida. Una forma sana de hacerlo es transmitirles que, cuando no conseguimos lo que queremos o algo no sale como esperábamos, debemos aceptar que, a veces, la decepción es parte de la vida.

Cultivar y aplicar valores centrales

¿Recuerdas cómo has trabajado en desarrollar tus valores? Aplicarlos es muy importante para la crianza. Si conoces bien cuáles son tus valores más profundos, puedes emplear dichos valores de formas significativas en las vidas de tus hijos. Por ejemplo, supongamos que valoras la amabilidad; entonces, aplicarás la amabilidad en el trato con tu familia, tus amigos y todas las personas, de modo que tu hijo vea ese comportamiento como modelo. También puedes ayudarlo a practicar la amabilidad en su trato con los demás en la vida diaria. Quizás, valores la ética de trabajo; puedes mostrar ética de trabajo sana en tu propia vida para que el niño vea el comportamiento considerado y, también, puedes ayudarlo a desarrollar la propia animándolo a cumplir quehaceres y tareas escolares de un modo que le funcione.

Ser auténtico

Ser auténticos implica encarnar nuestros valores centrales, ser vulnerables y compartir nuestros sentimientos y personalidades reales con quienes amamos, incluidos nuestros hijos. En lugar de exhibir la imagen de padre, madre o persona perfecta, ser auténtico con los hijos se trata de tener el valor de ser uno mismo. También significa permitir que los hijos tengan emociones intensas y las expresen de formas apropiadas. El niño no siempre debe estar alegre o ser sumiso, está bien que esté molesto, triste o gruñón; al igual que nosotros, son humanos. Puedes sentar las bases para que hablen abiertamente sobre sus sentimientos menos felices charlando con ellos cuando tú te sientas así. Los niños sienten cuando un padre no es auténtico, pero también, con nuestra autenticidad, aprenden que se puede ser real.

Establecer una jerarquía parental

Podemos criar a nuestros hijos con empatía y amor y, al mismo tiempo, establecer una jerarquía familiar. Los niños se sienten a salvo cuando saben que estás a cargo y que tu trabajo es cuidar de ellos. Eres su guía, debes dirigirlos, enseñarles, nutrirlos y amarlos. No es su trabajo hacerlo por ti.

Como he mencionado a lo largo de este libro, en la familia narcisista, las necesidades del padre o madre prevalecen sobre las de los hijos. Si te comprometes a terminar con el legado, son las necesidades de tus hijos las que deben ser más importantes. Entonces, como padre o madre, es tu deber poner límites y establecer reglas y esperar que se cumplan. Debes ser constante y predecible. Cuando la jerarquía parental afectuosa funciona, tus hijos aprenderán a confiar en ti, a contar contigo y a depender de ti.

Mantener la puerta abierta

Todos cometemos errores como padres. ¡Es un trabajo difícil! Mantén siempre la puerta abierta para que tus hijos puedan hablarte de por lo que estén pasando. Esto funciona ya tengan tres años o treinta. Hazles saber que pueden hablarte de los problemas familiares o de sus preocupaciones. Aunque no puedas volver al pasado para cambiarlo, pueden trabajar juntos para sanar.

Temas de escritura sobre valores parentales que previenen el legado de amor distorsionado

- Busca en internet tablas de emociones que puedas usar con niños de diferentes edades. Están compuestas por rostros que expresan diversos sentimientos, tales como tristeza, enfado o miedo. El niño puede señalar el rostro que representa lo que siente y puedes ayudarlo a expresarlo en palabras.
- Escribe sobre los desbordes emocionales de tus hijos y cómo hubiera cambiado la situación si hubieras seguido las reglas de crianza empática. Incluye lo que te gustaría haber dicho.
- Escribe acerca de tus experiencias aplicando estas reglas.
- Escribe sobre cómo le enseñas a tus hijos que las demás personas son tan importantes como ellos.
- Escribe sobre los valores más importantes que quieres enseñarles a tus hijos.
- Escribe acerca de lo que valoras del carácter de tus hijos, no solo de sus méritos.

- Escribe sobre cómo les enseñas la autenticidad.
- Escribe acerca de las dificultades que hayas tenido para mantener la jerarquía parental.
- Escribe sobre los rasgos maravillosos que amas de cada uno de tus hijos.
- Escribe sobre cómo les enseñas empatía.

Relaciones amorosas

Se ha escrito mucho sobre la diferencia entre relaciones sanas y relaciones enfermas, pero, en esta sección, nos centraremos en las cosas a las que los hijos de narcisistas deben prestar especial atención para no caer por un narcisista.

En mi experiencia clínica, he visto que, sin recuperación, es probable que nos sintamos atraídos por una dinámica familiar similar a la de nuestra familia de origen. Si has crecido en una familia narcisista, quizás hayas notado que los narcisistas parecen encontrarte o que tú los encuentras a ellos. Descubrir que, después de haber crecido en una dinámica insana, te encuentras en una dinámica similar en tu relación de pareja, puede ser devastador.

Es incontable la cantidad de personas con las que he trabajado, que he entrevistado o que me han enviado correos electrónicos y se han encontrado en esta situación. Es un patrón tan frecuente que mi segundo libro (*Will I Ever Be Free of You?*) trata sobre él.

Muchos hijos de narcisistas se avergüenzan de sus relaciones fallidas, pero no hay por qué sentirse así. Si lo único que has conocido es la dinámica familiar narcisista y su idea distorsionada del amor y no has contado con modelos de relaciones sanas, no puedes culparte por lo que desconocías. Lo que necesitas es trabajar en la recuperación para no acabar en una relación de pareja con un narcisista, lo que, tristemente, es muy frecuente en hijos adultos de padres narcisistas. Si no te ha ocurrido, considérate afortunado.

Veremos características de relaciones de pareja sanas que suelen no existir en familias narcisistas, pero que podemos cultivar.

Independencia

Si has crecido en una familia narcisista, habrás aprendido una definición errónea del amor, es decir, lo que tú puedes hacer por el otro y lo que el otro puede hacer por ti. Este aprendizaje te ha predispuesto a entablar relaciones dependientes o codependientes. Dependiente es quien se apoya en el otro y recibe asistencia. Codependiente es quien cuida del otro y brinda su apoyo. Ninguno de los dos extremos es sano y pueden llevar a relaciones problemáticas y enfermas.

Una relación sana es independiente, es decir que ambos dan y reciben por igual. En ocasiones, eres quien está cuando tu pareja lo necesita, en otras, puedes ser quien debe valerse del apoyo emocional o práctico del otro. Ambas partes son cuidadoras y cuidadas y comparten el dar y recibir amor, atención y apoyo.

Amelia, de sesenta años, ha tenido una serie de relaciones fallidas y ha llegado a terapia para comprender por qué siempre se involucraba con la misma clase de personas y acababa mal. Su vergüenza era evidente y había renunciado a buscar pareja por temor a repetir los errores del pasado.

> *Me siento tonta. Siempre elijo parejas a las que tengo que cuidar. En mayor parte, se aprovechan de mí económicamente; al principio creo que no me va a importar, hasta que comienzo a sentir mucho resentimiento. Ahora, he aprendido que mi temor al abandono me mantiene en una situación de codependencia de hombres que no me tratan bien. Pero, al final, termino abandonada de todas formas, porque siempre elijo a personas que no pueden amarme de verdad.*

Amelia ha tenido que trabajar para comprender la relación entre la codependencia y su crianza en una familia narcisista.

262 • Familia Tóxica

En terapia, ha descubierto que su madre solo la valoraba cuando ella hacía todo lo que quería; debía dejar la casa impecable, hacer actividades que le gustaran a su madre e incluso vestirse como su madre quería. Era valorada si hacía cosas que hicieran quedar bien a su madre. En consecuencia, ha aprendido a estar al cuidado de los demás, en perjuicio de cuidarse y valorarse a sí misma.

Nick, de cincuenta años, era tranquilo, modesto, flexible y cooperador en sus relaciones, pero con tendencia a ser demasiado dependiente de sus parejas. Ha crecido en una familia en la que su padre narcisista le exigía que se comportara de cierto modo, se viera de cierta forma y siguiera su guía en todos los caminos que debía tomar, desde asignaturas escolares, actividades deportivas, amistades, carrera. A pesar de que ha sido exitoso en su carrera y es independiente hace décadas, la experiencia temprana de haber tenido que complacer siempre a su padre ha impactado en sus relaciones amorosas.

En terapia, he aprendido que seguía un patrón de dependencia de mis parejas, por lo que las dejaba llevar las riendas. Todo marchaba bien durante un tiempo, hasta que comenzaba a sentir que había perdido mi esencia. Nunca sentía que podía ser real con el hombre con el que estaba y me confundía mucho. Me gustaba que cuidaran de mí, pero, al mismo tiempo, lo odiaba. Me recordaba a mi padre, que controlaba cada aspecto de mi vida.

Amelia y Nick han reconocido que sus relaciones insanas tenían origen, en parte, en patrones familiares que habían aprendido en sus familias narcisistas. Ambos han trabajado para recuperarse y cambiar las dinámicas insanas en las que habían crecido. Eventualmente, han encontrado parejas con las que tienen independencia, respeto y amor mutuo.

Confianza

Como hemos visto en capítulos previos, otra consecuencia de crecer en una familia narcisista es la confianza dañada. Es importante que compartas esto con tu pareja actual o potencial. No tienes por qué sentirte avergonzado por ello; si tu pareja actual o potencial se interesa por ti, estará abierta a aprender que eres consciente de tus problemas de confianza y que estás trabajando en ellos. Saber que lo haces y que estás dispuesto a abordarlos evitará que sea un problema mayor para la pareja.

Si tu falta de confianza causa problemas en la relación, será una buena oportunidad para recurrir a terapia de parejas con una persona con experiencia en dinámicas familiares narcisistas. Una vez que todos comprenden lo que sucede, es más fácil de tratar de lo que parece.

Intimidad emocional

Otro aspecto de las relaciones amorosas sanas que debía faltar en tu familia narcisista es la intimidad emocional. Es algo que requiere de vulnerabilidad y empatía e implica compartir sentimientos auténticos. También es necesario seguir las reglas de empatía que hemos visto en la crianza empática:

- Identificar los sentimientos de cada uno.
- Comprobar que cada uno comprende los sentimientos que el otro ha expresado.
- Reconocer y empatizar con los sentimientos de cada uno.
- Trabajar para resolver los problemas que han despertado dichos sentimientos.

Atracción por las cualidades esenciales de la pareja

¿Cuáles son las cualidades básicas de una atracción sana hacia otra persona? En la adolescencia, la química física suele parecer lo más importante, pero, como adultos, sabemos que hay más que eso. Una atracción fuerte y sana, en general, incluye cualidades físicas, intelectuales, emocionales y espirituales, además de intereses similares (quizás, también ideología política en estos días), y una personalidad que resulte atractiva e interesante. Por último, lo más central es cómo nuestro carácter y valores auténticos encajan con los de nuestra pareja actual o potencial. Al crecer en una familia narcisista, es probable que no nos hayan enseñado a fijarnos en la personalidad y los valores de los demás. Como adultos, comprendemos que, a pesar de sentir atracción física o intelectual, si el carácter y los principales valores de la otra persona desentonan con los nuestros, la relación quizás no sea fuerte o sana.

Temas de escritura sobre relaciones de pareja

- Escribe sobre los patrones en tus relaciones de pareja. ¿Tiendes a ser dependiente o codependiente? ¿Ambos o ninguno?
- ¿Sientes vergüenza por tus patrones en las relaciones de pareja? Piensa por qué deberías perdonarte a ti mismo y escribe sobre tu autocompasión.
- Escribe sobre la independencia en tus relaciones de pareja.
- Escribe sobre cómo te sientes cuando estás con tu pareja.
- ¿Tu pareja inspira lo mejor y más auténtico en ti?
- ¿Tienes problemas de confianza en tu pareja? Escribe sobre tus preocupaciones.
- Escribe sobre cómo practicas empatía en tus relaciones.
- Escribe los elementos centrales de atracción hacia tu pareja.
- Escribe los valores centrales que compartes con tu pareja.
- Si no tienes pareja, escribe cómo sería tu relación ideal.

Amistades

Con frecuencia, los hijos de narcisistas tienen las mismas dificultades en sus amistades que en sus relaciones de pareja. Si es tu caso, no solo tenderás a sentir atracción y a atraer parejas narcisistas, sino también a amigos narcisistas. Una vez más, podemos atribuir la conexión con los narcisistas a que nos vemos atraídos por dinámicas familiares conocidas. Reconocer que nuestras amistades son similares a relaciones insanas en nuestras familias narcisistas puede ser difícil, porque, en general, debemos alejarnos de esas amistades para lograr la recuperación.

Veamos temas comunes en amistades sanas e insanas.

Poner límites

Si tienes amigos con rasgos narcisistas, tendrás que poner nuevos límites para protegerte a ti mismo. Por ejemplo, si alguien quiere hablar durante horas por teléfono cuando estás ocupado, tendrás que decirle con amabilidad que debes trabajar y puedes hablar solo un momento. O, quizás, un amigo quiera ir al cine y trasnochar, pero estás muy cansado para hacerlo, así que le dices que no estás disponible, pero puedes acompañarlo en otra ocasión, cuando te sientas mejor.

Al poner límites, podrías temer que tus amigos no te entiendan o respeten, que dejes de agradarles o, incluso, que te abandonen. Sin embargo, es importante comprometerse con los límites, de lo contrario, caerás en una dinámica similar a la que estás superando. Un buen amigo entenderá y respetará tu necesidad de poner límites.

Reciprocidad

Si has crecido en una familia narcisista, probablemente no hayas experimentado mucha reciprocidad en tus relaciones familiares. Este es el momento de ser consciente de la importancia de la reciprocidad en todas tus conexiones.

¿Percibes que siempre eres quien da más en tus amistades? ¿Eres siempre el que da el primer paso para estar en contacto o reunirse? ¿Eres la persona considerada que siempre se acuerda de llamar a sus amigos cuando no se encuentran bien o pasan por momentos difíciles, pero sale lastimada cuando no es correspondida? ¿Tienes un amigo que siempre se pasa dando órdenes? ¿Que no solo sugiere lo que *podrías* hacer, sino que dice lo que *deberías* hacer? ¿Hay equilibrio entre lo que das y recibes en tus amistades? ¿Te sientes incómodo con la falta de reciprocidad?

Quizás descubras que has atraído a un amigo narcisista y, ahora, es el momento de decidir si esa persona es alguien con quien quieras continuar una amistad.

Celos

Los hijos de padres narcisistas suelen lidiar con celos dentro de sus familias de origen. El narcisista puede sentir celos de la relación con el facilitador. También es posible que los hermanos sigan siendo competitivos entre sí e incapaces de compartir los logros o éxitos del otro.

¿Surgen celos en tus amistades? Para que una amistad sea auténtica y sana, es importante compartir las dificultades y éxitos sin temor a provocar celos. Un buen amigo sentirá empatía por tus dificultades y estará contigo para celebrar tus logros.

Empatía

La empatía, capacidad de ponerse en el lugar del otro y de validar y reconocer sus sentimientos, es esencial para una amistad fuerte y sana. Sin embargo, los hijos de padres narcisistas no suelen estar habituados a recibir empatía de sus padres o hermanos, por lo que podrían aceptar amistades en las que esta cualidad no esté presente. ¿Has notado que las personas de las que te rodeas son incapaces de empatizar contigo? Cuando eliges a tus amistades, ¿consideras su capacidad de mostrar empatía? ¡Quienes tengan esta capacidad son invaluables y merecen la pena!

Temas de escritura sobre amistades

- Escribe sobre tus preocupaciones respecto a tus amistades.
- Escribe acerca de las amistades con las que puedas ser tú mismo.
- Escribe si tus amistades te muestran o no empatía cuando la necesitas.
- Escribe si tus amistades celebran o no tus éxitos.
- Escribe si tus amigos te aprecian o no por quién eres.
- Escribe si tus amigos inspiran lo mejor de ti o no.
- Escribe sobre tus sensaciones al estar con cada uno de tus amigos.
- Describe si existe reciprocidad entre tus amistades y tú.
- Escribe sobre tus intentos de poner límites con tus amistades.
- Escribe sobre posibles amistades enfermas que debas decidir dejar atrás.
- Escribe sobre tu capacidad de ser un buen amigo.

Desaprender rasgos narcisistas

Es probable que hayas adoptado rasgos narcisistas durante tu crianza, pero eso no te convierte en una persona narcisista. En caso de reconocer estos rasgos en ti, puedes tomar la decisión de trabajar en ellos durante la recuperación.

A continuación, presentaré una versión de los nueve rasgos narcisistas registrados en el *Manual diagnóstico y estadístico de los trastornos mentales* (DSM). Formúlate estas preguntas para evaluar si has adquirido o no ciertos rasgos. Quizás descubras que debes trabajar en determinadas áreas, y no pasa nada.

- ¿Exagero mis logros y digo haber hecho cosas que nunca he hecho? ¿Me comporto como si fuera más importante que los demás?
- ¿Soy irrealista respecto a mis pensamientos y deseos sobre el amor, la belleza, el éxito y la inteligencia? ¿Busco poder en estos aspectos?
- ¿Me creo tan especial que solo las mejores instituciones y profesionales académicos podrían comprenderme?
- ¿Necesito ser admirado constantemente, hasta el exceso?
- ¿Me siento con más derechos y espero un trato mejor que el de los demás?
- ¿Me aprovecho de los demás para conseguir lo que quiero?
- ¿Carezco de empatía y, por lo tanto, nunca percibo lo que los demás sienten o necesitan? ¿Puedo ponerme en la piel de los demás? ¿Puedo demostrar empatía?
- ¿Soy celoso y competitivo con los demás o siento, sin explicación o lógica, que los demás están celosos de mí?
- ¿Soy una persona altanera, que se comporta como si fuera mejor que sus amigos, colegas o familiares?

También puedes recurrir a la lista original de rasgos narcisistas del *Manual diagnóstico y estadístico de los trastornos mentales* (DSM), que encontrarás al final de este libro.

Sin embargo, como hemos discutido hasta ahora, si eres capaz de empatizar y de ponerte en el lugar del otro, quédate tranquilo, no eres un narcisista.

Temas de escritura para una autoevaluación de rasgos narcisistas

- Echa un vistazo a los rasgos narcisistas del DSM en la página 279 y escribe sobre el que creas que debes trabajar.
- Escribe sobre tu capacidad de brindar empatía y de ponerte en el lugar de los sentimientos del otro.

- Escribe sobre autoaceptación y cómo es para ti.
- Escribe acerca de tu responsabilidad sobre tus actos.

Terminar el trabajo de recuperación

A estas alturas, ya has leído los pasos de la recuperación y estás listo para regresar y llevarlos a cabo o ya has comenzado tu proceso de recuperación. Es importante que reconozcas el esfuerzo que has hecho y que guardes tu diario para poder ver lo lejos que has llegado.

El proceso de recuperación dura toda la vida, por lo que en ocasiones tendrás que retroceder y repetir algún paso, lo cual es normal. Te has abierto a una forma nueva y audaz de pensar y comprender tu historia familiar y a una vida nueva libre de tu pasado.

Espero que ahora seas capaz de comprender la dinámica del sistema familiar narcisista y reconozcas cómo te ha afectado. Tienes las armas para recuperarte a tu disposición. Te animo a confiar en tus valores y a ser valiente para defender tu verdad y ser tú mismo.

Mi corazón siempre estará contigo.

Agradecimientos

Escribir un libro durante una pandemia y en medio de un entorno político dividido ha tenido sus desafíos. Aunque me ha proporcionado tiempo de tranquilidad e intimidad para pensar y escribir, también he llegado a sentirme sola. No he tenido la interacción a la que estaba acostumbrada con mi familia, amigos y colegas, pero agradezco el apoyo firme que he recibido por parte de quienes me han acompañado en tiempos de locura.

Al escribir, suelo elegir un mantra breve, que me inspira y me ayuda a seguir adelante, y lo adhiero a mi ordenador. Para el primer libro fue «Persigue tu propósito y Dios te concederá tu sueño»; para el segundo, fue «Hacer cosas difíciles ¡es difícil!»; y, para *Familia tóxica* fue «¡A esta roca nada se la llevará por delante!». Las personas a las que quiero agradecerles han sido rocas que se han mantenido firmes, apoyándome, ayudándome y animándome con amor.

Comenzaré por mi familia: mis hijos, sus parejas y mis nietos son seres únicos y especiales que me han apoyado de muchas maneras. Os llevo a todos en mi corazón y os siento siempre cerca. Gracias por vuestro amor y apoyo; os amo tanto que cualquier palabra se queda corta.

A mi hermana pequeña, quien siempre ha estado dispuesta a compartir historias y a validar nuestras experiencias al crecer. Me has ayudado muchas veces sin siquiera saberlo. Gracias, pequeña, ¡te quiero, ahora y siempre!

Susan Schulman, mi agente: pienso con frecuencia en lo afortunada que soy de tenerte a mi lado en mi carrera literaria. Amo tu abordaje directo y honesto en todos los aspectos del trabajo. Te agradezco mucho tu profesionalidad, integridad, amabilidad, responsabilidad y, más que nada, el ánimo que me has dado y que me ha ayudado a creer en mí misma. Has sido una roca firme. Mi respeto hacia ti solo va a más y siempre estaré agradecida por todo lo que has hecho por mí. También quiero agradecer de forma especial a Linda Migalti, directora de Derechos Internacionales de Susan Schulman: A Literary Agency, por seguir haciendo un trabajo increíble con las traducciones y los agentes internacionales. ¡Muchas gracias por tus esfuerzos!

Laura Golden Bellotti, editora independiente: me emocionó que aceptaras trabajar conmigo en *Familia tóxica*. Por nuestras colaboraciones previas, sabía que tu experiencia y conocimiento serían invaluables. Ha sido un placer tenerte a mi lado durante la progresión de este libro. Aprecio tu capacidad única de escuchar y de mantener mi voz presente mientras editamos juntas. Tu paciencia, amabilidad, validación y esfuerzo estarán siempre entre mis mejores recuerdos de la escritura de este libro. He disfrutado de todas nuestras conversaciones y, de corazón, has hecho que este camino fuera estable y significativo. ¡Eres una persona adorable! ¡Gracias! ¡Gracias!

Leah Miller, editora ejecutiva de Atria: muchas gracias por tu sabiduría y por tus sugerencias editoriales de gran importancia. Aprecié tu entusiasmo, tu apoyo, tu actitud amable y tu comprensión de la sensibilidad de esta materia. Gracias por creer en la relevancia de este libro. Trabajar contigo ha sido un placer, de verdad. También le doy las gracias a todo el equipo de Atria Books: Libby McGuire, Lindsay Sagnette, Dana Trocker, Suzanne Donahue, Falon Kirby, Katelyn Phillips, Paige Lytle, Alexis Minieri y Emma Taussig.

Michelle Stack, asistente ejecutiva, la estrella de rock que ha mantenido los motores de mi negocio en marcha mientras yo escribía este libro. Siempre estás allí con una actitud excelente, respondes rápido y eres muy precisa en tu trabajo. Siempre atesoraré tu lealtad y tu presencia para nuestros talleres, trabajos en línea y asuntos laborales. ¡Eres la mejor! Y una mención especial para tu esposo,

Wendell, quien ha sido de gran ayuda siempre que lo hemos necesitado.

Sarah Schwallier, asistenta de redes, que nos ayuda a ir al día con las publicaciones en redes sociales, el *marketing* y sus buenas ideas. Gracias por tu excelente trabajo desde que estás a bordo. También me refiero a ti como «rayo de sol», pues siempre animas, escuchas y motivas con tu capacidad singular de llevar luz donde estés.

Mi asistente personal, Sandra Molina, cuyo negocio se llama Engel Maintenance, es decir, «mantenimiento ángel». Ella es el ángel que se esconde detrás de cámara, la que siempre está ahí para hacer recados, compras, tareas de conserje o lo que sea necesario. Sandra, tú y tu familia habéis sido una bendición en mi vida. ¡Gracias a todos!

Carolina Dilullo, ayudante en casa y amiga. Eres la mejor, Lina. Mantienes mi casa limpia, algo que nunca tengo tiempo de hacer, pero, lo más importante, nuestra amistad en estos años ha sido maravillosa. Te quiero. Gracias por tu apoyo.

Especialista en informática y sitios web, Chris Kitzmiller, mi amigo. Llevamos varios años trabajando juntos, así que gracias por estar presente y por todo lo que haces por mí. Te aprecio mucho.

Kate Alexander, trabajadora social, colega y amiga: agradezco poder derivar contigo a niños y adolescentes que crecen en familias disfuncionales. Tu experiencia como terapeuta de niños y adolescentes es destacable, y valoro tu profunda comprensión de las complejidades de las familias narcisistas. También quiero agradecerte tu amistad y apoyo durante la escritura de este libro. Nuestras extensas conversaciones, aunque fueran vía telefónica durante la pandemia, me han mantenido cuerda muchos días. Te tengo mucho respeto y en alta estima.

He perdido la cuenta de la cantidad de casos por los que he recurrido a Allison Brittsan, colega y amiga mía, en especial en situaciones similares a las que trato en este libro. Gracias por estar siempre ahí y por tus contribuciones a mi trabajo. Aprecio en particular nuestras charlas con café a las seis de la mañana. A pesar de que debemos dormir más, ¡han sido geniales!

Gracias, una vez más, a todos mis pacientes audaces e inspiradores, quienes han abrazado la recuperación y afrontado cambios transformadores en sus vidas. Sabéis quiénes sois y estoy muy agradecida por ser parte de vuestros caminos de recuperación. Os dedico este libro a vosotros.

Notas

1. Pfeiffer, Lee (2023), Gaslight: https://www.britannica.com/topic/Gaslight-film-by-Cukor.

2. Apostolides, Zoe (2018), The schoking rise of internet «child shaming»: https://www.thesun.co.uk/news/6006140/internet-child-shaming-parents/

3. McBride, Dra. Karyl (2008), *Will I Ever Be Good Enough?*, Free Press, Nueva York, cita de edición en tapa dura de Nanette Gartrell, M.D. (*Madres que no saben amar.*)

4. Donaldson-Pressman, Stephanie y Pressman, Robert (1994), *The Narcissistic Family*, Lexington Books, Nueva York, p. 18.

5. Golomb, Dr. Elan (1992), *Trapped in the Mirror: Adult Children of Narcissists in Their Struggle for Self*, William Morrow, Nueva York, pág. 180. (*Atrapada en el espejo.*)

6. Cherry, Kendra (2022), Erikson's stages of development: https://www.verywellmind.com/erik-eriksons-stages-of-psychosocial-development-2795740.

7. Donaldson-Pressman, Stephanie y Pressman, Robert (1994), *The Narcissistic Family* Lexington Books, Nueva York, p. 14.

8. Levine, Amir y Heller, Rachel (2012), *Attached: The New Science of Adult Attachment and How It Can Help You Find—and Keep—Love*, TarcherPerigee, Nueva York. (*Maneras de amar. La nueva ciencia del apego para encontrar el amor y conservarlo.*)

9. Bowen, Murray (1978), *Family Therapy in Clinical Practice*, Jason Aronson, Nueva York, p. 539.

10. *Ibid.*, pp. 42-53.

11. Hall, Julie L. (2019), *The Narcissist in Your Life*, Lifelong Books, Nueva York, pág. 173.

12. https://www.goodreads.com/author/quotes/269803.Ethel_Waters.

13. http://www.twainquotes.com/Self_approval.html.

14. *Manual diagnóstico y estadístico de los trastornos mentales*, American Psychiatric Association (5ª edición).

15. http://www.webmd.com/mental-health/what-to-know-complex-ptsd-symptoms.

16. *Ibid.*

17. *Ibid.*

18. Van der Kolk, Bessel (2015), *The Body Keeps the Score: Brain, Mind, and Body in the Healing of Trauma*, Penguin Books, Nueva York, pág. 30. (*El cuerpo lleva la cuenta.*)

19. https://drarielleschwartz.com/the-neurobiology-of-trauma-dr-arielle-schwartz/#.YTS_EI5KiM8.

20. Perry, Bruce D. y Marcellus, John, «*The Impact of Abuse and Neglect on the Developing Brain*», Scholastic.com, https://www.scholastic.com/snp/childrenandgrief-1.htm.

21. https://practicenotes.org/v17n2/brain.htm, referencing B. Perry, R. Pollard, T. Blakley, W. Baker, y D. Vigilante, «Childhood Trauma, the Neurobiology of Adaptation, and "Use-Dependent"», Development of the Brain: How «States» Become «Traits», Infant Mental Health Journal 16, n.° 4, 1995, págs. 271–91.

22. Kübler-Ross, Dra. Elisabeth (1969), *On Death and Dying*, Macmillan, Nueva York.

23. El retrato y la caja de obsequios han sido ideas útiles, que he adaptado a nuestro modelo de recuperación, extraídas de Stephanie Donaldson-Pressman and Pressman, Robert M. (1994), *The Narcissistic Family: Diagnosis and Treatment*, Jossey-Bass, San Francisco (California).

24. Puedes ver mi vídeo de YouTube sobre el Club Jirafa en: https://www.
youtube.com/watch?v=TplqWrya_Kg (*Giraffe Story by Dr. Karyl
McBride*).

25. Smedes, Lewis (1993), *Shame and Grace: Healing the Shame We Don't
Deserve*, HarperCollins, San Francisco.

Criterios diagnósticos del trastorno de personalidad narcisista

Fuente: *Manual diagnóstico y estadístico de los trastornos mentales* (DSM-5) de la Asociación estadounidense de psiquiatría (5ª edición).

Un patrón persistente de grandiosidad (en fantasías o en comportamiento), necesidad de admiración y falta de empatía, que inician en la adultez temprana y se presentan en diferentes contextos, indicados en cinco o más de los siguientes aspectos:

1. Tienen un sentido exagerado de la propia importancia (por ejemplo, exageran logros o talentos, pretenden un trato de superioridad sin logros acordes).
2. Se preocupan por fantasías de éxito, poder, inteligencia, belleza o amor ideal.
3. Creen que son especiales y únicos, que solo son comprendidos por otras personas (o instituciones) especiales o de alto nivel y que deberían asociarse únicamente con ellas.
4. Necesitan admiración excesiva.
5. Se sienten en su derecho. (Por ejemplo, tienen expectativas irracionales de un trato favorable o de cumplimiento automático de sus deseos).
6. Incurren en explotación interpersonal. (Se aprovechan de los demás para alcanzar sus objetivos).
7. Carecen de empatía. No están dispuestos a reconocer los sentimientos y necesidades del otro ni a identificarse con ellos.

8. Suelen envidiar a los demás o creer que los demás los envidian.
9. Exhiben comportamientos o actitudes arrogantes o soberbios.

Lecturas recomendadas

Beattie, Melody (1989), *Beyond Codependency: And Getting Better All the Time*, Hazelden Foundation, Center City (Minnesota).

Behary, Wendy T. (2021), *Disarming the Narcissist*, New Harbinger Publications, Oakland (California).

Bowlby, John (1988), *A Secure Base: Parent-Child Attachment and Healthy Human Development*, Basic Books, Filadelfia (Pensilvania). (*Una base segura: Aplicaciones clínicas de una teoría del apego.*)

Brown, Nina W. (2001), *Children of the Self-Absorbed: A Grown-Up's Guide to Getting Over Narcissistic Parents*, New Harbinger Publications, Oakland (California).

Burgo, Joseph (2015), *The Narcissist You Know: Defending Yourself Against Extreme Narcissists in an All-About-Me Age*, Simon & Schuster, Nueva York.

Campbell, Keith (2020), *The New Science of Narcissism: Understanding One of the Greatest Psychological Challenges of Our Time—and What You Can Do About It*, Sounds True. (*Narcisismo. Comprender y afrontar uno de los retos psicológicos de nuestro tiempo.*)

Donaldson-Pressman, Stephanie y Robert M. Pressman (1997), *The Narcissistic Family: Diagnosis and Treatment*, Jossey-Bass, San Francisco (California).

Forward, Susan (1989), *Toxic Parents: Overcoming Their Hurtful Legacy and Reclaiming Your Life*, Bantam, Nueva York.

Gibson, Lindsay C. (2015), *Adult Children of Emotionally Immature Parents*, New Harbinger Publications, Oakland (California). (*Hijos adultos de padres emocionalmente inmaduros.*)

Golomb, Elan (1992), *Trapped in the Mirror: Adult Children of Narcissists in Their Struggle for Self*, William Morrow, Nueva York. (*Atrapada en el espejo.*)

Gottman, John (1998), *Raising an Emotionally Intelligent Child: The Heart of Parenting*, Simon & Schuster, Nueva York.

Herman, Judith (1997), *Trauma and Recovery: The Aftermath of Violence from Domestic Abuse to Political Terror*, Basic Books, Nueva York. (*Trauma y recuperación. Cómo superar las consecuencias de la violencia.*)

Hotchkiss, Sandy (2002), *Why Is It Always About You? Saving Yourself from the Narcissists in Your Life*, Simon & Schuster, Nueva York.

Kreisman, Jerold y Hal Straus (2010), *I Hate You—Don't Leave Me: Understanding the Borderline Personality*, Penguin Random House, Nueva York. (*Te odio – No me abandones. Comprender el trastorno límite de la personalidad.*)

Lerner, Rokelle (2008), *The Object of My Affection Is in My Reflection: Coping with Narcissists*, HCI Books, Deerfield Beach (Florida).

Levine, Amir y Rachel Heller (2012), *Attached: The New Science of Adult Attachment and How It Can Help You Find—and Keep—Love*, TarcherPerigee, Nueva York. (*Maneras de amar. La nueva ciencia del apego para encontrar el amor y conservarlo.*)

Lowen, Alexander (1985), *Narcissism: Denial of the True Self*, Touchstone, Nueva York. (*El narcisismo: La enfermedad de nuestro tiempo.*)

Masterson, James F. (1988), *The Search for the Real Self: Unmasking the Personality Disorders of Our Age*, Simon & Schuster, Nueva York.

McBride, Karyl (2014), *Will I Ever Be Free of You?: How to Navigate a High-Conflict Divorce from a Narcissist and Heal Your Family*, Simon & Schuster, Nueva York.

McBride, Karyl (2008), *Will I Ever Be Good Enough?: Healing the Daughters of Narcissistic Mothers*, Simon & Schuster, Nueva York. (*Madres que no saben amar. Cómo superar las secuelas provocadas por una madre narcisista.*)

Miller, Alice (1996), *The Drama of the Gifted Child: The Search for the True Self*, tercera edición, HarperCollins, Nueva York. (*El drama del niño dotado y la búsqueda del verdadero yo.*)

Minuchin, Salvador (1974), *Families and Family Therapy*, Harvard University Press, Cambridge, (Massachusetts). (*Familias y terapia familiar.*)

Neff, Kristin (2011), *Self-Compassion*, William Morrow, Nueva York. (*Sé amable contigo mismo.*)

Paul, Jordan y Margaret Paul, *Do I Have to Give Up Me to Be Loved by You?*, segunda edición, Hazelden, Center City, Minnesota, 2002; Westminster Press, Philadelphia, 1983.

Perry, Bruce D., M.D., Ph.D. y Maia Szalavitz (2017), *The Boy Who Was Raised as a Dog: And Other Stories from a Child Psychiatrist's Notebook— What Traumatized Children Can Teach Us About Loss, Love, and Healing*, Basic Books, Nueva York. (*El chico a quien criaron como perro. Y otras historias del cuaderno de un psiquiatra infantil.*)

Perry, Bruce D., M.D., Ph.D., y Oprah Winfrey (2021), *What Happened to You?: Conversations on Trauma, Resilience, and Healing*, Flatiron Books, Nueva York. (*¿Qué te pasó? Trauma, resiliencia y curación.*)

Secunda, Victoria (1998), *When Madness Comes Home: Help and Hope for Families of the Mentally Ill*, Hyperion Books, Nueva York.

Stern, Robin (2018), *The Gaslight Effect: How to Spot and Survive the Hidden Manipulation Others Use to Control Your Life*, Harmony Books, Nueva York. (*El efecto luz de gas: Detectar y sobrevivir a la manipulación invisible de quienes intentan controlar tu vida.*)

Szalavitz, Maia y Bruce D. Perry (2010), *Born for Love: Why Empathy Is Essential— and Endangered*, William Morrow, Nueva York.

Ulanov, Ann y Barry (1983), *Cinderella and Her Sisters: The Envied and the Envying*, Westminster Press, Filadelfia.

Van Der Kolk, Bessel A. (2014), *The Body Keeps the Score*, Penguin Random House, Nueva York. (*El cuerpo lleva la cuenta.*)

Recursos sobre abusos sexuales

Bass, Ellen y Laura Davis (1988), *The Courage to Heal: A Guide for Women Survivors of Child Sexual Abuse*, Harper & Row Publishers, Nueva York. (*El coraje de sanar. Guía para mujeres supervivientes de abusos sexuales en la infancia.*)

Davis, Laura (1990), *The Courage to Heal Workbook: For Women and Men Survivors of Child Sexual Abuse*, Harper & Row Publishers, Nueva York.

Hindman, Jan (1989), *Just Before Dawn: From the Shadows of Tradition to New Reflections in Trauma Assessment and Treatment of Sexual Victimization*, AlexAndria Associates, Ontario (Oregon).

Leberg, Eric (1997), *Understanding Child Molesters: Taking Charge*, Sage Publications, Thousand Oaks (California).

Terr, Lenore (1990), *Too Scared to Cry: Psychic Trauma in Childhood*, Harper & Row Publishers, Nueva York.

Wiehe, Vernon R. (1990), *Sibling Abuse: Hidden Physical, Emotional, and Sexual Trauma*, Lexington Books, Nueva York.